一分部署 九分落实

张明聪◎著

航空工业出版社

内容提要

求真务实是党的思想路线的核心内容。社会主义不是喊出来的，是实实在在干出来的。中国改革开放近40年来所创造的奇迹，靠的就是求真务实、真抓实干。

本书从继承和发扬党的求真务实精神、大兴求真务实之风、以务实作风抓改革促发展等方面，对党员干部应该树立求真务实作风以及怎样树立求真务实作风进行讲解。各级党员干部应该认真践行“三严三实”要求，树立正确的事业观和政绩观，办实事不图虚名，求实效不做虚功，多做打基础、利长远的工作，努力创造经得起实践、人民、历史检验的业绩，使求真务实在全党全社会蔚然成风。

本书适合广大党员干部阅读。

图书在版编目（CIP）数据

一分部署 九分落实 / 张明聪 著. -- 北京： 航空工业出版社，2018.1

ISBN 978-7-5165-1408-5

Ⅰ. ①一… Ⅱ. ①张… Ⅲ. ①中国共产党–党的作风–干部教育–学习参考资料 Ⅳ. ① D261.3

中国版本图书馆 CIP 数据核字（2017）第 294799 号

一分部署 九分落实

Yifen Bushu Jiufen Luoshi

航空工业出版社出版发行

（北京市朝阳区北苑 2 号院 100012）

发行部电话：010-84934379 010-84936343

北京温林源印刷有限公司 全国各地新华书店经售

2018 年 1 月第 1 版 2018 年 1 月第 1 次印刷

开本：710×1000 1/16 字数：200 千字

印张：16 定价：48.00 元

序

“奢靡之始，危亡之渐。”习近平总书记强调，作风问题绝不是小事，如果不坚决纠正不良风气，任其发展下去，就会像一座无形的墙把我们党和人民群众隔开，我们党就会失去根基、失去血脉、失去力量。古今中外，因为统治集团作风败坏导致人亡政息的例子，举不胜举。特别是对于我们这样一个拥有 8900 多万党员的世界最大政党，一个奋斗近百年、执政近 70 年的政治组织，一个领导世界唯一未曾中断的古老文明实现伟大复兴的先锋组织，意义更是非同凡响，党风问题不仅是关系党的前途命运，关系国家和民族的前途命运，而且关系到世界社会主义事业的前途命运，甚至也关系到人类命运共同体的未来前景。使命光荣，责任重大，路程艰辛，必须以自我革命的勇气，刮骨疗毒的决心，对作风之弊、行为之垢，来一次大排查、大检修、大扫除。

作风问题，本质上是党性问题，核心是党和人民群众的关系问题。知易行难，作风整改之难，难在人性有好逸恶劳、好名逐利的偏向，难在制度机制设计不严密、执行不到位，难在诱惑、陷阱、梗阻太多。作风之疾不仅非常顽固，而且极容易反复发作。作风问题，实属千古治理难题。在人类历史上，只要能够在一段时间内有效解决作风问题，就足以彪炳千秋了。十八大之后，党中央从“八项规定”开始，紧紧地抓住群众反映强烈的突出问题，聚焦“四风”之害，多维并举稳扎稳打，步步为营，不仅快速地刹住了“四风”蔓延势头，而且治标与治本紧紧相随。在十九大报告中，习近平总书记指出：“坚持反腐败无禁区、全覆盖、零容忍，坚定不移‘打虎’、‘拍蝇’、‘猎狐’，不敢腐的目标初步实现，不能腐的笼子越扎越牢，不想腐的堤坝正在构筑，反腐败斗争压倒性态势已经形成并巩固发展。”这个成绩来之不易，这是一次时代性大考，更是一次迎接新时代的献礼。但是，这场考试远没结束，还要继续努力。作风建设永远在路上。

“其作始也简，其将毕也必巨。”以“八项规定”作起始的作风建设，后续发展成全面从严治党，成为“四个全面”战略布局的一根国家“大梁”。经过几年的持续努力，全面从严治党的“四梁八柱”已经搭起，未来的建设工程依然艰巨复杂。社会主义初级阶段依然是我国的基本国情，“三类不纯”“四大考验”“四种危险”依然严峻地摆在我们面前。“我们要永远保持清醒头脑，继续发扬筚路蓝缕、以启山林那么一种精神，继续保持空谈误国、实干兴邦那么一种警醒，敢于战胜前进道路上的一切困难和挑战，使中国特色社会主义道路始终成为中华民族创造辉煌的必由之路，始终成为中华民族实现伟大复兴的必由之路，始终成为中华民族为人类作出新的更大贡献的必由之路。”[①] 只要我们能弘扬求真务实的作风，发挥钉钉子精神，保持“踏

① 习近平：《在2015年春节团拜会上的讲话》（2015年2月17日），载《人民日报》2015年2月18日。

石留印、抓铁有痕”的狠劲和韧劲，就一定可以从胜利走向新的胜利。

坚持求真务实，是马克思主义认识论的精神实质，是马克思主义政党的根本特征，是实事求是思想路线的本质体现，是中国共产党人的政治品格，是我们党的优良传统，也是我党革命建设经验的结晶。作为思想方法，求真务实要求党员干部要善于“观大势”“谋大局”“抓大事”，增强战略思维、辩证思维、系统思维、底线思维，放眼历史和全球，以强烈的战略自信，牵住改革创新的“牛鼻子”，积极谋事造势，顺势成事，善做善成。作为必备品质，求真务实要求党员干部增强政治意识、大局意识、核心意识、看齐意识，自觉投入到“两个一百年”的奋斗征程中；要求党员干部增强科学精神，增强创新思维、精准思维、法治思维，站稳人民立场，把群众工作做实做细做透，不断增强人民群众的获得感；要求党员干部增强担当精神，以功成不必在我的胸襟气度，撸起袖子加油干，团结一切可以团结的力量，学习一切可以学习的知识，汇聚一切可以汇聚的智慧和力量，靠实干实现中华民族的伟大复兴。中华民族从积贫积弱的近代，逐步发展成当今的世界大国，每一步都是由实干而来的。把事实看作是真理的依据，把实干看作是成就事业的必由之路，这就是“空谈误国，实干兴邦”的真谛，也是求真务实的必然要求。

坚持求真务实的作风，必须坚持落实落实再落实。办好中国的事情关键在党，关键在人。党要管党，党要管人，必须把数量优势转化成为组织优势，转化成力量优势。一个人的力量是渺小的，整个党组织的力量是伟大的。全党一盘棋，党员干部拧成一股绳，则能办成很多看起来不可能完成的大事、难事。团结的状态，一方面来自理想，另一方面来自纪律。对于每一个普通的党员干部来说，内心要观大局谋大事，在行为上要遵守法纪规章，立足本职，努力奉献，自觉把自己当作一部机器的零件，坚守好自己的本分。一分部署，九分落实。对于广大党员干部而言，就是要落实落实再落实，落实工作的主体责任。把落实工作看作是锻炼和考验党性的平台，把落实工作看作是履行职责的底线要求。一份蓝图绘到底，不要学狗熊掰棒子，要瞄准一个目标，持续用力，久久为功。

坚持求真务实的作风，必须坚持以人民为中心。“人民是历史的创造者，是决定党和国家前途命运的根本力量。党的一切工作必须以最广大人民根本利益为最高标准。我们要坚持把人民群众的小事当作自己的大事，从人民群众关心的事情做起，从让人民群众满意的事情做起，带领人民不断创造美好生活！”对人民要心存敬畏，把群众呼声看作是作风建设的第一信号。求真务实的作风到底坚持得好不好，关键要看群众满意不满意。除了服务人民之外，还需要组织人民。中国共产党的伟大之处，就在于不相信有什么救世主，相信人民有无限伟力。这种相信，近乎信仰。中国共产党扎根于人民，将人民组织起来，自己解放自己，自己发展自己。换句话说，党并不是一种外在于人民的单独存在，而是内构于人民之中，充当着人民的先锋队，是团结的主心骨。党的力量，本质上就是组织起来的人民的力量。离开了“人民”这个力量母体，党就像离开水的鱼，离开土地的树一样，失去力量，失去血脉。每一个党员干部，都要有这种意识，不仅要敬畏人民，服务人民，更要组织人民，信仰人民。这是我们谋事创业的出发点和落脚点。

弘扬求真务实的作风，关键在选人用人。用人导向是最根本的导向，人是精神理念最实在的载体。选什么样的人，就会形成什么样的党风。因此，“要发挥考核指挥棒作用，把求真务实的导向立起来，把真抓实干的规矩严起来，让真干假干不一样、干多干少不一样、干好干坏不一样，”[①]使求真务实、埋头苦干的干部得到重用，使弄虚作假、做表面文章的干部受到惩戒。要充分抓住领导干部这个“关键少数”，一级领着一级干，一级做给一级看；要充分运用好监督执纪的“四种形态”，把党风廉政建设的压力传导至基层终端；要强化好组织选人的功能，使干部任免更加制度化、过程化，避免唯票取人、唯考取人、唯年轻取人等不良偏向；要让党内生活的这个熔炉真正“热起来”，使组织生活成为党性锻炼、能力提升的有效平台；要坚持阳光运行，自觉接受群众监督，增强群众在选人用人环节的分量；要旗帜鲜明地反对用人上的不正之风，严肃追究用人过程的各种问题，实行举荐签名制，责任追究终身制；要光明正大地为好干部点赞，塑造良好的实干风尚。用一贤人则群贤毕至，见贤思齐就蔚然成风。做老实人、办老实事、说老实话的干部，应得到应有的尊重和提升。不老实的人，则会失去市场，直至淘汰出局。崇尚实干的党风，必然会塑造出清新务实的社会风气。

---

① 习近平：《在中共中央政治局会议上的讲话》（2017 年 3 月 31 日），载《人民日报》（海外版）2017 年 6 月 21 日。

马克思曾经说过，哲学家们只是用不同的方式解释世界，而问题在于改变世界。世界包括主观世界与客观世界，改变客观世界和改变主观世界，是一个事物的两面。求真务实，恰恰就联系着主客两个世界，贯通并激荡于两者之间，日新其德，自强不息。求真务实，承载着千年的古老智慧，吸纳着世界先进的哲学养分，在世界罕见的苦难中磨砺而出，陪伴着我党我国亲历了一个又一个辉煌奇迹，是人类实践不可多得的智慧结晶。作为党员干部，必须从文化自信的高度，将求真务实内化于心，外化于行，对内提升精神品质，对外做好事创大业，做一个无愧于伟大时代的伟大因子。

CONTENTS

目　录

第三章
坚持一张蓝图绘到底

第四章
把群众工作做实做深做细做透

第五章
作风建设要在抓常抓细抓长上下功夫

第六章
谋事要实、创业要实、做人要实

第七章
形成激励干部求真务实的有效机制

第八章
在全社会大力弘扬求真务实好风尚

第一章
空谈误国　实干兴邦

“事实是真理的依据，实干是成就事业的必由之路。”[①]这是“空谈误国，实干兴邦”的真谛，也是我国革命、建设、改革不断取得成功的基本经验。在我国历史上，战国赵括“纸上谈兵”、两晋学士“虚谈废务”的教训，极为深刻。学习和工作一旦陷入“空对空”，必将误国误民，害人害己。所以，习近平总书记多次强调党员干部一定要“继续保持空谈误国、实干兴邦那么一种警醒”[②]，发扬务实高效、不尚空谈的工作作风，靠实干实现中华民族的伟大复兴。

第一节　求真务实是共产党人的重要思想和工作方法

习近平总书记强调，“求真务实是共产党人的重要思想和工作方

① 习近平：《在纪念邓小平同志诞辰110周年座谈会上的讲话》（2014年8月20日），载《人民日报》2014年8月21日。

② 习近平：《在2015年春节团拜会上的讲话》（2015年2月17日），载《人民日报》2015年2月18日。

法。”[①]作为思想和工作方法，求真务实可以从三个维度来理解，一是“求真”，即是认识真理，发现规律，把握时代大势，创新发展理论。二是“务实”，即以规律性认识为基础，不断去实践，应势而动，务求实效，推动历史发展。三是“求真”与“务实”的相互融合，直面矛盾问题，敢于较真碰硬，善做善成。

一、求真务实要善于“观大势”

“世界潮流，浩浩荡荡，顺之者昌，逆之者亡。”纵观我党历史，中国共产党的成立，中华人民共和国的建立，改革开放的实施，中国梦的提出，社会主义现代化国家新征程的开启等等，都是顺应时代大势的结果。中国共产党之所以能从胜利不断走向新的胜利，其中一个关键原因就是善于“观大势”。正如习近平总书记说的：“认识世界发展大势，跟上时代潮流，是一个极为重要并且常做常新的课题。中国要发展，必须顺应世界发展潮流。”[②]

求“大势”之真，前提是要有历史眼光和全球视野。把党和人民事业放到历史和世界的范围内来研究，才能更加清醒地认识到时代发展方向，明确自己的发展方位。所以，习近平总书记反复强调“要树立世界眼光、把握时代脉搏，要把当今世界的风云变幻看准、看清、

① 习近平：《在纪念刘华清同志诞辰100周年座谈会上的讲话》（2016年9月28日），载《人民日报》2016年9月29日。

② 《习近平谈经济全球化》，载《人民日报》（海外版）2017年1月15日。

看透，从林林总总的表象中发现本质，尤其要认清长远趋势。”[①]只有对大势了然于胸，才能从容自信地面对各种挑战，把握机遇。

纵观习近平总书记的历次讲话，都可以发现视野宏大，站位高远等特点。比如，他在新进中央委员会委员、候补委员学习贯彻党的十八大精神研讨班的讲话中，为了说明中国特色社会主义是科学社会主义理论逻辑和中国社会发展历史逻辑的辩证统一，就回顾了社会主义500年的历史。通过纵横比对，在历史逻辑的理性观照下，就会更清晰地认识到中华民族伟大复兴不仅是中国的大势，也是世界的大势。中国梦体现着近代以来人类对社会主义的美好憧憬和不懈探索。顺着历史的宏大叙事，习近平总书记关于中国特色社会主义“四个自信”、“四个伟大”、新时代、新思想、新征程等命题的阐述，都是严格遵从历史逻辑、理论逻辑、实践逻辑，非常严密，无可辩驳。

求“大势”之真，最关键是要有人民立场。人民是历史进步的真正动力，是历史的真正主人，决定着历史的发展方向。“人民立场是中国共产党的根本政治立场，是马克思主义政党区别于其他政党的显著标志。”[②]正是基于这样的“人民史观”，全心全意为人民服务成为我党的唯一宗旨，群众路线成为我党的根本思想和工作方法，“为民”成为我党一切工作的出发点和落脚点。历史也反复证明，“得民心者得天下，失民心者失天下”，民心是天下大势的发展航标。所以，大势与民心，是天然的统一体。因此，要看清世界潮流，必须站在人

① 《习近平在中央外事工作会议发表重要讲话强调高举和平、发展、合作、共赢旗帜》，载《人民日报》（海外版）2014年12月1日。

② 习近平：《在庆祝中国共产党成立95周年大会上的讲话》（2016年7月1日），载《人民日报》2016年7月2日。

民立场。只有站稳人民的立场，才能真正看清时代发展大势。

“人民对美好生活的向往，就是我们的奋斗目标。”[①] 这句话开启了一股关于“人民立场”的热词潮，比如：以人民为中心、人民立场、获得感、民心政治等，频繁刷屏。对民心民意的研判，已经构成了新形势下一系列工作的基本特征。在新的历史阶段，习近平总书记带领全国人民进行的一系列伟大斗争，完成了很多看似“不可能完成”的任务。特别是反腐正风方面，因为“人民群众最痛恨腐败现象，腐败是我们党面临的最大威胁”，所以我们党以坚如磐石的决心，坚持反腐无禁区、全覆盖、零容忍，保持了反腐的长期遏制、高压态势，成效卓著，治标又治本。国内外有识之士，都认识到在习近平总书记的带领下，中国正在进行一场伟大的变革，中国已经迎来了一个崭新的伟大时代，一个“强起来”的中国时代。强力反腐，解决人民群众反应最强烈的“痛点”，正在全面塑造党风、民风，已经激荡出了正能量满满的社会精神面貌。2017 年票房满贯的中国大片《战狼 2》，可算是全民爱国爱党的一种见证。

求“大势”之真，还需要具备辩证思维。唯物辩证法认为，事物内部矛盾运动是事物发展的根本动力，必须坚持全面、联系、发展的眼光看问题。时代形势的发展，瞬息万变。如果孤立、静止、片面地看问题，必定会被时代所抛弃。辩证法看问题，首先是一分为二地看问题。既看到优点，也要看到问题，既看到重点，又看到一般。凡事

① 《习近平在新任政治局常委与记者见面会上发表讲话》，新华网·手机看新闻，2012 年 11 月 15 日。

有个“三七开”。其次是要抓住主要矛盾和矛盾的主要方面。改革与发展进入了深水区，矛盾空前尖锐，问题错综复杂。抓住主要矛盾和矛盾的主要方面，才能“得其大者兼其小”，才能取得“纲举目张”的效果。第三是要用联系和发展的眼光看问题。立足长远，多打基础，不搞形式主义，不好高骛远。坚定初心，保持节奏，顺势而为。西方马克思主义者卢卡奇曾经说过，“马克思主义辩证法的核心是一种把握历史进程的能力。”马克思主义辩证法不是教条，而是一种指南，是一种旨在推动历史发展的能力。马克思主义辩证法应用于中国的革命建设实践，极大地改变了中国的革命和建设面貌。求真务实作为思想和工作方法，是中国共产党人在实践应用马克思主义辩证法的过程中，得出来的体会，或者说形成的经验。

习近平总书记非常重视辩证法。2012 年 12 月，他在广东考察时指出：“改革也要辩证施治，既要养血润燥，化瘀行血，又要固本培元、壮筋续骨，使各项改革发挥最大效能。”[①] 2013 年，在一次中央经济工作会议上，他又强调辩证法：“‘稳’也好，‘改’也好，是辩证统一、互为条件的。一静一动，静要有定力，动要有秩序，关键是要把握好两者之间的度。”[②] 此后的多个场合，都强调辩证思维。没有辩证思维，就难以理清重点与一般，继承与创新，短期与长远等基本范畴的关系，也就难以看清楚实践的发展趋势。看不清事物发展的本质，就不可能实现可持续的科学发展。

① 转引自杨永加：《习近平强调的思维方法》，载《学习时报》2014 年 9 月 1 日。
② 转引自杨永加：《习近平强调的思维方法》，载《学习时报》2014 年 9 月 1 日。

二、求真务实要善于“谋大局”

“不谋万世者，不足以谋一时；不谋全局者，不足以谋一域。”事物是普遍联系的，事物的发展总是以系统面貌出现的，常常是牵一发而动全身。如果“头痛医头，脚痛医脚”，就会有失偏颇，甚至会陷入顾此失彼的状态中。随着生产力的不断发展，社会各领域的发展，更加突出地表现为体系化发展。这种发展，对于“观大势，谋大局”的能力提出了更高的要求。习近平总书记也多次强调，高级干部要“善于观大势，谋大事，自觉在大局下想问题、做工作。”[①] 从实践检验的角度来看，历史进程主要表现为大局的演化，大局赢才算真正的赢。所以，“求真务实”中的“实”，必然是“大局”之实。把“大局”做实，谋求“大势”，求得“大赢”之效，才是“求真务实”作为方法论意义的高水平应用。

务“大局”之实，前提是布大局谋大势。习近平总书记正是在深刻把握时代大势的基础之上，认识到了我国经济发展正处于增长速度换挡期、结构阵痛期、前期刺激政策消化期“三期叠加”，进而提出了新常态论断。为了适应和引领新常态，党中央提出了创新、协调、绿色、开放、共享的新发展理念，提出了供给侧结构性改革，接着又从供给侧改革发展成全面深化改革。以前虽然也讲全面改革，但其“全面”强调的是各领域都进行改革，远没有十八届三中全会提出的全面深化改革之“全面”。以前虽然也讲深化改革，但是此次“深化”是

---

① 《习近平谈全面从严治党》，载《人民日报》（海外版）2016 年 12 月 21 日。

指改革中遇到的“硬骨头”而言的。改革经过了三十多年，已经进入深水区，“好吃的肉”都吃完了，剩下的都是难啃的“硬骨头”。以前的改革，对于改革的整体性及内在关联机制关注不够，各环节配套协调不够，从而影响了改革大局的总体效能的发挥。出现这样的问题，主要是受制于经济社会发展水平。

随着经济社会发展水平的提高，全面深化改革的条件逐渐成熟，而且迎来了难得的窗口期。立足社会主义初级阶段的国情，着眼于全面建成小康社会、实现社会主义现代化和中华民族伟大复兴，党的十八大，将生态文明建设与经济建设、政治建设、文化建设、社会建设并列，确立了“五位一体”的总体布局。党的十八届三中全会，提出了“全面深化改革的总目标”，经济体制改革、政治体制改革、文化体制改革、社会体制改革、生态文明体制改革和党的建设制度改革，全面发力，多点突破，纵深推进。习近平总书记指出：“如果把全面深化改革比作建造大厦的话，这三年是夯基垒台、选材备料、立柱架梁的三年。”[①] 改革的“四梁八柱”，为完善和发展中国特色社会主义制度奠定了的基础，是推进国家治理体系和治理能力现代化的系统性工程。这场大棋局，正逐步变成现实。统计显示，十八届三中、四中、五中、六中、七中全会，共部署了总计600多项重点改革任务，推出了1200多项改革举措，为中国发展注入了强大动力。随着时间的推移，必然汇聚成磅礴大势。

务“大局”之实，关键是顺势而为。发展起来的问题，并不比原来少。

---

① 《习近平谈“全面深化改革”》，载《人民网》，2013年11月9日。

但这并不等于说，不要发展。问题不可能一劳永逸地解决。但是发展永远是硬道理。发展中出现的问题，也只有通过发展才能有效解决。发展就是一种势，一种事物存在和演化的基本形态。改革也是一样的，改革三十多年，改革步入深水区，“险滩”增多，矛盾更加尖锐复杂。但并不是说原来改革错了，现在可以不改了，甚至说可以退回去。改革中出现的问题，也只有通过改革来解决。改革遇到了“险滩”，但是前期改革积累的意识和能力，正好是迎接新难题的基础。改革本身就成了一种惯性，一种发展态势。我们要做的，就是要借势用力，顺势而为。正如习近平总书记在十八届中央政治局第二次集体学习时所强调的，改革开放只有进行时没有完成时，改革是中国最大的红利，要协调推进各领域各环节改革，努力把改革开放推向前进。

顺势而为，需要有明确的目标，不然“为”的成效就会打折扣。中国的全面深化改革大势已起，能否坚持下来，能否真正深入下去，必须要明白前进中的难点。把难点作为明确的目标，汇聚力量，攻坚克难，化势为力，聚点成势。比如“最先一公里”“中梗阻”“华而不实的表面文章”等问题，既需要总结改革经验教训改进改革的方式方法，也需要从党员干部作风、方法等主观方面查找问题。改革之势，必须一鼓作气，不能有丝毫的懈怠。稍有松懈，便有可能一退千丈。从这个意义上来看，改革之势能否保持，就成了国家治理能力的一大标志，也是社会主义制度优越性的一大标志。关于这方面，习近平总书记曾指出：“这就要靠通过不断改革创新，使中国特色社会主义在解放和发展社会生产力、解放和增强社会活力、促进人的全面发展上比资本主义制度更有效率，更能激发全体人民的积极性、主动性、创造性，更能为社会发展提供有利条件，更能在竞争中赢得比较优势，把中国特色社会主义制度的优越性充分体现出来。”[①]

务“大局”之实，需要有系统思维。习近平总书记反复强调改革开放是复杂的系统工程，各级党员干部特别是“关键少数”，要有系统思维。2012 年 12 月，他在广东考察时指出：“我国改革已经进入攻坚期和深水区，进一步深化改革，必须更加注重改革的系统性、整体性、协同性，统筹推进重点领域和关键环节改革。”[②]在十八届中央政治局第二次集体学习时，他又指出：“改革开放是个系统工程，必须坚持全面改革，在各项改革协同配合中推进。”[③]2013 年 9 月，他在跟党外人士座谈时，再次指出：“全面深化改革是一项复杂的系统工程，需要加强顶层设计和整体谋划，加强各项改革关联性、系统性、可行性研究。”在 2014 年 2 月，习近平总书记在省部级主要领导干部专题研讨班上指出：“这项工程极为宏大，零敲碎打调整不行，碎片化修补也不行，必须是全面的系统的改革和改进，是各领域改革和改进的联动和集成。”

系统，一般而言，是泛指一定范围内或同类的事物按照一定的秩序和内部联系组合而成的整体。系统思维具有鲜明的关联性、整体性、

① 习近平：《切实把思想统一到党的十八届三中全会精神上来》（2013 年 11 月 12 日），载《中国共产党新闻网》，2013 年 11 月 12 日。

② 《改革不停顿 开放不止步——习近平总书记在广东考察工作时的讲话在各地引起强烈反响》，载《中国网》，2012 年 12 月 17 日。

③ 习近平：《在十八届中共中央政治局第二次集体学习时的讲话》（2012 年 12 月 31 日），载《人民日报》2013 年 1 月 2 日。

动态平衡性、层次结构性、时序性和开放性特征。具体而言，运用系统思维，首先，要有统筹意识。要立足全局态势，以万物皆备于我的气度，协同各方，像弹钢琴一样，把各要素统筹成一个整体。改革当中，需要打点布局，深入研究各领域改革的关联性和各项改革举措的耦合性，注重改革措施整体效果，聚合各项改革协调推进的正能量。其次，要有积累性思维。饭要一口一口吃，路要一步一步走。“治大国如烹小鲜”，很多事情急不得，急则容易乱。抓工作要注意把大目标分解为小目标，把人的责任压实，把事的标准抠细。通过细节的完成，来积小胜为大胜。这就是积累性思维的具体应用。第三，要有度的意识。不管是整体筹划、分步推进也好，还是区分层次、分类指导也好，统筹好各方力量，最难的就是一个“度”的把握。何时需要急，何时需要缓，何处要用重兵，何处只需佯攻，如何拿捏，是真正考验一个人智慧的地方，也是系统性思维最难的地方。武侯祠的那副对联，也许道破了其中天机，“能攻心则反侧自消，自古知兵非好战。不审时即宽严皆误，后来治蜀要深思。”人心与时势，“度”之两维。

三、求真务实要善于“抓大事”

五年来，国家大事连连，好戏连台，出乎很多人的意料，感动中国，震撼世界。“五位一体”总体格局，“四个全面”战略布局，“一带一路”倡议，雄安新区建设规划等等，每一个大战略的下面，都有一连串的大事。各个领域的大事，共同构成了各方面的“四梁八柱”，共同支撑起伟大的“中国梦”。习近平总书记表现出的罕见的抓大事的能力，不仅在国内刮起了一股“大大风”，也在国际上刮起“中国风”。

抓大事，前提在于战略自信。真正的大局往往都是战略性的，真正的大事往往都具有战略性影响。大事难抓，不仅在于矛盾多，干扰多，还在于耗时久，难坚持。不管是从哪个方面来讲，都需要高度的自信。自信是源自内心，是内生动力的源泉。所以，抓大事，必须先具备与其相适的战略自信。在庆祝中国共产党成立95周年大会上，习近平总书记在讲话中明确指出：“当今世界，要说哪个政党、哪个国家、哪个民族能够自信的话，那中国共产党、中华人民共和国、中华民族是最有理由自信的。”[①]正是这种近乎信仰的自信，才使得习近平总书记具有过人的历史担当和超人的战略定力。党的十八大提出要坚定道路自信、理论自信、制度自信等三个“自信”之后，在2014年，习近平总书记在“中国梦”的语境之下，明确提出“第四个自信”——文化自信，并强调文化自信，是一种更基础、更广泛、更深厚的自信。2017年，在“7·26”讲话中，习近平总书记提出了“四个伟大”——伟大斗争、伟大工程、伟大事业、伟大梦想，对“伟大”的意义认定，也是高度自信的自然流露。在党的十九大报告中，习近平总书记提出了“新时代中国特色社会主义思想”，思想理论体系的形成，是战略成熟的标志，更是战略自信的最深刻表达。

战略自信来源于对实际情况的深刻把握，来源于对大局发展趋势

---

① 习近平：《在庆祝中国共产党成立95周年大会上的讲话》（2016年7月1日），载《人民日报》2016年7月1日。

的理性思考，来源于对自身使命的责任担当。有了战略自信作为压舱石，就可以从容面对内在的压力，清醒地面对众声喧哗，做到“泰山崩于前而色不变，麋鹿兴于左而目不瞬”。有强大的战略自信作为基础，战略定力自然而然就有了。认准的方向，毫不偏移，咬定青山不放松，初心才得以良好保持。在全面深化改革的关键阶段，看准了的改革一定要下决心推进，要以排除万难压倒一切敌人的气势，要以不怕苦不怕死的果敢，持续强攻猛攻，不达目的誓不罢休。拥有了战略自信，才能有“自信人生二百年，会当水击三千里”的自觉与担当，抓大事，才能具备“纷繁世事多元应，击鼓催征稳驭舟”的气度和风范，才能拥有“千磨万击还坚劲，任尔东西南北风”的定力和从容。

“抓大事”，关键是要牵住“牛鼻子”。牛的力量不可谓不大，牛的块头也不可谓不大，然而，只要牵住了“牛鼻子”，五六岁孩童都足以牵着大牛，随意走动。牵住了“牛鼻子”，就能起到“四两拨千斤”的效果。习近平总书记在多个场合，强调“抓大事”，一定要懂得牵住“牛鼻子”的道理。2012年12月，习近平总书记在广东考察时，强调改革开放是决定当代中国命运的关键一招，是发展的“牛鼻子”。2016年6月，在全国科技创新大会、两院院士大会、中国科协第九次全国代表大会上的讲话中，他强调“科技创新是核心，抓住了科技创新就抓住了牵动我国发展全局的牛鼻子。”[①] 在世界经济论坛2017年年会开幕式上的主旨演讲中，他还强调“让市场在资源配置中起决定

① 习近平：《为建设世界科技强国而奋斗——在全国科技创新大会、两院院士大会、中国科协第九次全国代表大会上的讲话》（2016年5月30日），载《人民日报》2016年6月1日。

性作用，牵住创新这个‘牛鼻子’。”[①]

“牛鼻子”说法生动形象，很好地发展和阐释了辩证法的重点论。我们在谋大局，抓大事时，既要注重总体谋划，又要注重牵住“牛鼻子”。一方面要眼观全局，对各种矛盾做到心中有数，特别是对矛盾之间内在关联及演化趋势要做到心中有数，同时又要优先解决主要矛盾和矛盾的主要方面，以此破局谋势，带动其他矛盾的解决。不分主次，没有重点，眉毛胡子一把抓，是做大事的大忌。特别是面对改革的复杂形势和繁重任务，更要懂得如何牵住改革的“牛鼻子”。具体到各个领域各个方面，就是要坚持问题导向，哪里矛盾和问题最突出，哪里难题人民反映最强烈，哪个疙瘩最难解，就要把它当作“牛鼻子”紧抓不放。制度性改革，搞好制度设计是重点；具体改革，逐条落实是关键；改革试点，完善推广是节点；综合性改革，少数关键的责任落实是核心。总而言之，要把“牛鼻子”牵牢，既抓重要领域、重要任务、重要试点，又抓关键主体、关键环节、关键节点。既要分类施策、精准施策，明晰思路，又要明确责任主体、明确关键环节、明确时间节点。

抓大事，“需要有底线思维”。2013 年初，在一次重要会议上，习近平总书记首次提出“底线思维”，强调：“要善于运用底线思维的方法，凡事从坏处准备，努力争取最好的结果，做到有备无患、遇事不慌，牢牢把握主动权。”在此后治国理政中，他多次运用底线思

① 习近平：《共担时代责任共促全球发展——在世界经济论坛 2017 年年会开幕式上的主旨演讲》（2017 年 1 月 17 日），载《人民网》，2017 年 1 月 18 日。

维方法，分析处理问题。比如，2013 年 7 月，在中共中央召开党外人士座谈会上，他强调在肯定成绩的同时，要保持清醒头脑，高度重视经济运行中的突出问题，坚持底线思维，切实做好工作。2014 年 3 月 28 日，他在德国科尔伯基金会演讲时指出，任何国家都不要指望我们会吞下损害中国主权、安全、发展利益的苦果。在涉及国家核心利益的问题上，划出红线、亮明底线。2015 年 2 月 2 日，在省部级主要领导干部学习贯彻党的十八届四中全会精神全面推进依法治国专题研讨班开班式上，他强调，领导干部要牢记法律红线不可逾越、法律底线不可触碰。2017 年 7 月，在出席庆祝香港回归祖国 20 周年大会上的致辞中，他再次强调："任何危害国家主权安全、挑战中央权力和香港特别行政区基本法权威、利用香港对内地进行渗透破坏的活动，都是对底线的触碰，都是绝不能允许的。"① 在环境保护、清正廉洁等多个方面，习近平总书记都划出底线，并强调要守住底线。

所谓的底线，是指不可逾越的警戒线、是事物质变的临界点。底线思维，是指在强烈忧患意识主导下，对危机和风险等负面因素进行管控，防患于未然，确保赢得工作主动权的一种思维方法。古人讲"君子安而不忘危，存而不忘亡，治而不忘乱，是以身安而国家可保也"，讲的也就是底线思维的具体应用。强调底线思维，并不是降低标准、无所作为，而是注重提前预想，强调未雨绸缪。当前我国经济社会发展"三期叠加"，全面深化改革中各种矛盾非常尖锐复杂，各级党员

---

① 习近平:《在出席庆祝香港回归祖国20周年大会上的致辞》(2017 年7月1日)，载《人民网》，2017 年 7 月 2 日。

干部在实际工作中，必须善于运用底线思维，管控风险、守住底线，坚决服从、服务大局。运用好底线思维，首先要有原则意识。不能凡事都无所谓，脚踩西瓜皮，滑到哪里算哪里。对法律、制度、规矩、良知，要时刻怀有敬畏之心，做到不越边界、不踩红线、不碰高压线。其次要有短板意识。木桶的容量取决于最短的那块木板，防止一着不慎而导致满盘皆输。从坏处着眼，补全补齐短板，才能保持工作的稳定有序。再次要有细节意识。道德修养、生活情趣上要注意小节，做到防微杜渐。工作标准上要注意细节，透过细节来体现精神状态。正所谓“勿以恶小而为之，勿以善小而不为”。

第二节　求真务实是党员干部的必备品质

2016年2月，习近平总书记在中央政治局常委会议审议“两学一做”学习教育方案时明确提出：“我们党要搞好自身建设，真正成为世界上最强大的一个政党。”强国必先强党，强党必先治党。不管是强党，还是治党，都必须弘扬求真务实的优良传统。求真务实作为党员干部的必备品质，要求党员干部必须增强“四个意识”、科学精神和担当精神。

一、求真务实要求党员干部必须增强“四个意识”

我们党作为一个长期执政的党，发展到现在，已经是一个有8900

多万名党员、450 多万个基层党组织的党。可以算得上是世界上最为庞大的政党组织，领导着世界上人口最多的国家，担负着世界上最为古老民族的伟大复兴使命。所以，习近平总书记用了“四个伟大”来形容这一历史进程。“伟大斗争，伟大工程，伟大事业，伟大梦想，紧密联系、相互贯通、相互作用，其中起决定性作用的是党的建设新的伟大工程。”办好中国的事情，关键在党，关键在从严治党。“历史已经并将继续证明，没有中国共产党的领导，民族复兴必然是空想。我们党要始终成为时代先锋、民族脊梁，始终成为马克思主义执政党，自身必须始终过硬。全党要更加自觉地坚定党性原则，勇于直面问题，敢于刮骨疗毒，消除一切损害党的先进性和纯洁性的因素，清除一切侵蚀党的健康肌体的病毒，不断增强党的政治领导力、思想引领力、群众组织力、社会号召力，确保我们党永葆旺盛生命力和强大战斗力。”每一位党员干部，都要有这种“伟大”意识，在时代性“伟大”洪流中，使自己“伟大”起来，完成自我价值的实现。

2016 年 10 月，在党的十八届六中全会上通过的《关于新形势下党内政治生活的若干准则》，明确要求“全党必须牢固树立政治意识、大局意识、核心意识、看齐意识，自觉在思想上政治上行动上同党中央保持高度一致。”政治意识、大局意识、核心意识、看齐意识等四个意识，成为党员干部的新标杆。具备这四个意识，就可以与党中央保持高度一致，就可以保证对党的绝对忠诚。全党就可以团结如一人，步调一致，行动果敢有力，就可以办成大事。

增强政治意识，要求党员干部保持清醒的政治头脑，提高政治敏锐性和政治鉴别力，在大是大非面前，能坚定政治立场和政治信仰不动摇，在生活工作细节中，体现出坚强的理想信念，良好的政治纪律素养。切实做政治上的“明白人”，要把政治纪律和政治规矩挺在前面，中央提倡的要坚决响应、中央决定的要坚决执行、中央禁止的要坚决杜绝，使政治觉悟能与行动自觉有机结合起来，让忠诚之心在遵规守纪、恪尽职守中得到真正检验和体现。

增强大局意识，就是要求党员干部善于从全局高度、用长远眼光观察、分析和解决问题，善于围绕党和国家的大局来认识和把握自身的职责使命。正如习近平总书记强调：“必须牢固树立高度自觉的大局意识，自觉从大局看问题，把工作放到大局中去思考、定位、摆布，做到正确认识大局、自觉服从大局、坚决维护大局。”对于当下的党员干部来说，必须对“五位一体”总体布局和“四个全面”战略布局了然于胸，对五大发展理念内化于心，外化于行。把自己作为一台机器的一颗螺丝钉，把自己的职责使命做到最好。

增强核心意识，最根本的是坚决维护党中央权威，坚决维护党的集中统一领导。这是党章“四个服从”组织原则中最后一个“服从”，也是最重要的一个“服从”，即：全党服从中央。这是增强核心意识的关键所在。团结就是力量，核心就是灵魂。习近平总书记多次强调“全面从严治党，核心是加强党的领导”；“党中央权威，全党都必须自觉维护，并具体体现到自己的全部工作中去”。一个强大的核心，是一个政党成熟的标志。五年来，以习近平同志为核心的党中央以对民族、对人民、对党高度负责的态度，总揽全局、协调各方，夙夜在公、励精图治，成效卓著，在全党树起使命担当的典范和真抓实干的标杆，已经形成了强大的领导核心。作为党员干部，就是要对党赤胆忠心、不怀二心，始终同党中央保持高度一致，任何时候任何情况下都以党的方向为方向、以党的旗帜为旗帜、以党的意志为意志，严守党的政治纪律和政治规矩。

增强看齐意识，就是“党的各级组织、全体党员特别是高级干部都要向党中央看齐，向党的理论和路线方针政策看齐，向党中央决策部署看齐，做到党中央提倡的坚决响应、党中央决定的坚决执行、党中央禁止的坚决不做。”[①]《关于新形势下党内政治生活的若干准则》规定，把“三个看齐”上升为政治要求和政治纪律，要求全体党员干部，经常和党中央要求“对表”，看看有没有“慢半拍”的问题，看看有没有“不看齐”的问题，有没有“看不齐”的问题。如果有，那就要对自己喊“看齐”口令，主动进行调整校准，确保政治方向一点不偏，确保政治立场一点不动摇，始终自觉地同以习近平同志为核心的党中央保持高度一致。

二、求真务实要求党员干部必须强化科学精神

2016 年 9 月，习近平总书记在学习《胡锦涛文选》报告会上的讲话中强调，“坚持马克思主义，最重要的就是坚持马克思主义的科学原理和科学精神、创新精神，善于根据客观情况的变化，不断从人民

① 《关于新形势下党内政治生活的若干准则》，人民出版社 2016 年版，第 4 页。

群众实践中吸取营养，不断丰富和发展理论，使理论更好指导我们的工作。”[①]可见，科学精神是马克思主义者必备的基本品质，也是求真务实的内在精神。

强化科学精神，首先是深化社会主义初级阶段的认识。在党的十九大报告中，习近平总书记强调：“必须认识到，我国社会主要矛盾的变化，没有改变我们对我国社会主义所处历史阶段的判断，我国仍处于并将长期处于社会主义初级阶段的基本国情没有变，我国是世界最大发展中国家的国际地位没有变。全党要牢牢把握社会主义初级阶段这个基本国情，牢牢立足社会主义初级阶段这个最大实际。”“最大国情”“最大实际”，深刻地标记出了初级阶段在共产党人的心中地位，也标记出了中国共产党对发展现状的战略清醒。弘扬求真务实的传统，首先就是要牢牢地立足初级阶段的实际国情。不管是“五位一体”总体布局，还是“四个全面”战略布局，在实施中都需要牢记初级阶段。不仅在经济总量低时要牢记，在经济总量高时也要牢记。党在社会主义初级阶段的基本路线是党和国家的生命线。牢记初级阶段，在实践中就要始终坚持“一个中心、两个基本点”不动摇，把践行中国特色社会主义共同理想和坚定共产主义远大理想统一起来。牢记初级阶段，在实践中就要清醒地认识到我们党面临的“三类不纯”、“四大考验”和“四种危险”，全党要以自我革命的政治勇气，自我净化，自我完善，自我革新，激浊扬清，保持党的先进性和纯洁性。

---

① 习近平：《在学习〈胡锦涛文选〉报告会上的讲话》（2016年9月29日），人民网，2016年9月30日。

强化科学精神，其次要增强精准思维。精准思维是一种非常务实的思维方式，它强调精准性和有效性，要求认识深刻到位，对策精准到位，细节到位，务求化解一个个具体问题，反对大而化之、笼而统之、粗枝大叶地抓工作。2014年5月，在指导兰考县委常委班子专题民主生活会时，习近平总书记特别强调："要从细节处着手，养成习惯。如果对工作、对事业仅仅满足于一般化、满足于过得去，大呼隆抓，眉毛胡子一把抓，那么问题就会被掩盖。""当前，干部群众特别是基层群众反映的作风问题都很具体，不能以原则应对具体，要一一回应，具体解决。"他还强调，要把小事当作大事干，一步一个脚印往前走。现实矛盾都是由一系列具体问题累积起来的，化解矛盾也需要从一个个具体问题入手，积小胜为大胜。党的十八大之后的"八项规定"，成效卓著，就在于它非常精准，规定详细，落实扎实。如严禁过节送礼、中秋节送月饼等，都是精准思维的体现。运用精准思维，一是要找准具体问题，落实工作一定要紧紧抓住核心问题和关键问题不放，在问题的症结点和关键点上做文章、出实招。二是要有实际操作意识，要确保工作的现实可行性，不能简单套用几个"大概念"忽悠人，更不能把不着边际的天方夜谭当作实际规划来推进。三是要有强烈的到位意识。管理不到位、操作不标准，每一个环节都差那么一点点，结果谬以千里必将是大概率事件。用数学语言来描述就是，0.99的1000次方接近于0。"不拘小节"的思维陋习，是横挡在劳苦与功高之间最大的一堵墙。

强化科学精神，再次是强化法治思维。法治思维，说到底是将法律作为判断是非和处理事务的准绳。在市场经济条件下，人们的各种利益矛盾相互交织，思想观念多元多样多变，只有法治才能有效整合各种张力、化解各种冲突，这是社会治理科学化理性化精确化的必然体现。崇尚法治、尊重法律，彰显法治精神，积淀法治信仰，是中国发展由大向强的前提，是国家长治久安的基础。2012 年 12 月，在首都各界纪念现行宪法公布施行 30 周年大会上，习近平总书记指出："依法治国是党领导人民治理国家的基本方略，法治是治国理政的基本方式，要更加注重发挥法治在国家治理和社会管理中的重要作用，全面推进依法治国，加快建设社会主义法治国家。"[①] 他还强调，法治是国家治理体系和治理能力的重要依托要求，各级党组织和党员领导干部要增强运用法治思维和法治方式的能力，要带头厉行法治，不断提高依法执政能力和水平，共同开创依法治国新局面。各级党员干部特别是领导干部必须强化法治思维，坚决执法，自觉做到"有法可依、有法必依、执法必严、违法必究"；坚决护法，维护法律和制度的严肃性，维护社会公平正义；带头学法，有效普法，大力弘扬社会主义法治精神。

三、求真务实要求党员干部必须弘扬担当精神

"'为官避事平生耻。'干部就要有担当，有多大担当才能干多

① 习近平：《在首都各界纪念现行宪法公布施行 30 周年大会上的讲话》（2012 年 12 月 4 日），载《人民日报》2012 年 12 月 5 日。

大事业，尽多大责任才会有多大成就。”[①] 2015 年 1 月，习近平总书记在同中央党校第一期县委书记研修班学员进行座谈时，强调党员干部要有责任担当。

以大担当干大事业。五年来，人们谈起切身的感觉，常会提及这些词：树新风、开新局、谱新篇……党和国家各项事业万象更新。这些“新”的背后，都是一个又一个大战略。大手笔的背后，是党中央的大担当。面对“三期叠加”的各种矛盾，面对时隐时现的“种种陷阱”，以习近平同志为核心的党中央，以前所未有的大担当，胸怀天下，矢志复兴，带领全国人民涉险扬帆，频奏凯歌。改革开放三十多年之后，我国社会进入了矛盾多发期和凸显期，改革进入了深水区和攻坚期。中国的发展大业，又一次走到了十字路口，所面临的艰难险阻和严峻挑战不亚于革命战争年代。正是在严峻的形势面前，“我们党以巨大的政治勇气和强烈的责任担当，提出一系列新理念新思想新战略，出台一系列重大方针政策，推出一系列重大举措，推进一系列重大工作，解决了许多长期想解决而没有解决的难题，办成了许多过去想办而没有办成的大事，推动党和国家事业发生历史性变革。”唯其艰难，更显勇毅。“大事难事看担当。”正如习近平总书记强调的，每一代人都有每一代人的担当；历史的接力棒交到了我们手里，我们必须拿出我们的勇气、胆识和担当。他还特别强调，“敢于担当”是衡量新时代好干部的基本标准。

---

① 习近平：《做焦裕禄式的县委书记》（2015 年 1 月 12 日），载《人民日报》2015 年 1 月 13 日。

直面问题的强烈忧患。“问题是时代的声音，人心是最大的政治。推进党和国家各项工作，必须坚持问题导向，倾听人民呼声。”[①]一直以来，习近平总书记总是在强调，要直面问题，要有强烈的忧患意识，要善于用问题来倒逼改革。在谈到建党时，他指出，要深刻认识党面临的长期执政、改革开放、市场经济以及外部环境等各方面考验的长期性和复杂性，深刻认识党面临的精神懈怠危险、能力不足危险、脱离群众危险、消极腐败危险的尖锐性和严峻性。在谈及国防和军队建设时，他强调，“军事上的落后一旦形成，对国家安全的影响将是致命的。我经常看中国近代的一些史料，一看到落后挨打的悲惨场景就痛彻肺腑！”“历史和现实都告诉我们，一支军队，如果在规模结构和力量编成上落后于时代，落后于战争形态和作战方式发展，就可能丧失战略和战争主动权。”[②]谈到外事时，他强调了“五个充分估计”，即：充分估计国际格局发展演变的复杂性，充分估计世界经济调整的曲折性，充分估计国际矛盾和斗争的尖锐性，充分估计国际秩序之争的长期性，充分估计我国周边环境中的不确定性。正是这种强烈的忧患意识，使得我们党敢于直面问题，始终保持警醒。正是这种敢于直面问题的勇气，使得我们国家能立足最坏的情况，做好最充分的准备，

在守护底线的过程中求得最好的结果。正如习近平总书记强调的，“我们共产党人的忧患意识，就是忧党、忧国、忧民意识，这是一种责任，

① 习近平：《在全国政协新年茶话会上的讲话》（2014 年 12 月 31 日），载《人民日报》2015 年 1 月 1 日。

② 〔美〕熊玠：《通向中国梦的大布局——〈习近平时代〉选载》，载《学习时报》2016 年 4 月 21 日。

更是一种担当。”[①]

“马上就办”的刚性执行。“三分战略，七分执行”，习近平总书记对每一份战略，都有具体的举措，每一项举措，都有时间表，都有明确执行主体的责任。我们之所以能取得超出预料的成就，秘诀就在于此。世界上不缺宏伟蓝图，缺的是实现蓝图的执行。关于习近平总书记的刚性执行，“马上就办”就很好地体现了其风格特点。在福州市委礼堂的外墙上写有八个大字：“马上就办，真抓实干。”在福州人心里，“马上就办”意义非同一般。1990 年，习近平到福州市任书记，当时南京军区某师刚迁入福州市，在调研时部队领导连提了三个请求：能不能修一条战备路，能不能解决三百多名随军家属落户和一百多名随军子女入学的问题？习近平没有丝毫犹豫，当即表态“要特事特办，马上就办”。一个月的时间，路修好了，符合条件的家属全部落户福州，孩子们也进入了福州学校读书。就是从这里开始，短短一年多的时间，“马上就办”成为福州的一句流行语。讲效率、抓落实，成为福州各级干部的行动指南。“马上就办”对于拖拉扯皮、敷衍了事、明日复明日等陋习，犹如一剂猛药，令干部群众的精神为之一振。党员干部作风的转变，为福州发展注入了强劲的动力。这种“马上就办”的刚性执行，随着习近平主持中央工作，传导至全党全国。

---

① 《解析习近平执政风格之一：直面问题的强烈忧患》，中国共产党新闻网，2014 年 12 月 30 日。

第三节　实现中华民族伟大复兴要靠实干

习近平总书记强调指出："面向未来，全面建成小康社会要靠实干，基本实现现代化要靠实干，实现中华民族伟大复兴要靠实干。"伟大的中国梦要变为现实，没有捷径可走，只能是撸起袖子加油干，靠实干兴邦，靠团结制胜，靠学习走向未来。

一、撸起袖子加油干

2017 年元旦，习近平总书记发表新年贺词，他说："上下同欲者胜。只要我们 13 亿多人民和衷共济，只要我们党永远同人民站在一起，大家撸起袖子加油干，我们就一定能够走好我们这一代人的长征路。"[①]新闻联播发表之后，"大家撸起袖子加油干"的说法，在社交媒体上呈现"刷屏"态势。这句话道出了时代赋予我们这一代人的使命，代表了广大人民群众对国家美好未来的期许，也表达了我们这一代人对未来的承诺。

中华文明作为世界上唯一未曾中断的文明，而且是极为灿烂辉煌的文明，在几千年的时间里都是首屈一指的强国，留下了博大精深的文化体系。进入近代之后，中华民族遭受了世界上罕见的万重苦难。中国人民从不屈服，不断奋斗。几代人抛头颅洒热血，苦苦探寻救国

① 《国家主席习近平发表二〇一七年新年贺词》，载《人民日报》2017 年 1 月 1 日。

图强之路。历经千辛万苦，中华民族终于在中国共产党的正确领导下，掌握了自己的命运，开启了中华民族复兴的胜利征程。在中国特色社会主义道路上，我们一路超越，从温饱不足到总体小康，正向全面小康阔步迈进。中国正逐步走进世界舞台的中央，中国崛起被国际媒体称为“近年来最重要的全球变革”。中国离复兴伟业的目标，前所未有的近。但是，由大变强的质变，充满了前所未有的机遇，也充满了前所未有的挑战。欲强未强之时，常常是各种阻力汇聚之时。因而，更加迫切地需要全国人民凝神聚气，撸起袖子加油干。正如习近平总书记在2017年春节团拜会上再次强调的：“全党全军全国各族人民要在中国共产党领导下，闻鸡起舞，登高望远，撸起袖子加油干，继续向着全面建成小康社会的奋斗目标进发，继续向着中华民族伟大复兴的中国梦进发，继续向着构建人类命运共同体的美好前景进发，在我们广袤的国土上，书写13亿多中国人民伟大奋斗的历史新篇章！”[①]

“撸起袖子加油干”就是复兴伟业攻坚战的动员令。梦在前方，路在脚下。随着全面深化改革的逐步推进，每一个人的“获得感”变得越来越多。1000多万贫困人口实现了脱贫，一些长期无户口的人可以登记户口了，老百姓异地办理身份证不用来回奔波了……离“两个一百年”奋斗目标中的第一个“百年”，已经越来越近，我们的成绩斐然，同时我们又抱有了更高的期待。在我们的内心，还有更远的远方。更远大的理想，又催生出更大的努力。仅2016年一年，中央全

① 习近平：《在2017年春节团拜会上的讲话》（2017年1月26日），载《人民日报》2017年1月27日。

面深改领导小组共召开 12 次会议，审议 146 个重大改革文件，所确定的 97 个年度重点改革任务[①]和其他改革任务已基本完成。全面深化改革确立的“四梁八柱”，不仅仅关系到“两个一百年”的奋斗目标，更关系到民族复兴，国家长治久安。

天上不会掉馅饼，只有努力奋斗才能梦想成真。深入推进“四个全面”战略布局需要加油干，成就伟大中国梦也需要加油干，实现个体命运改观，也需要加油干……“撸起袖子”是一种态度，说得好不如干得好，喊破嗓子不如甩开膀子。“撸起袖子”是一种敬重。干一行爱一行，干什么像什么。“撸起袖子”是一种自信，不抱任何幻想，相信自己的实力。“撸起袖子”是一种自觉，工作不养闲人，团队不养懒人。“撸起袖子”是一种实干精神，只问付出，不问收获，“功成不必在我”。个人、家与国家的命运，向来联系在一起，互为条件，互为支撑。在“撸起袖子”的队伍中，党员干部必须是模范。每一个党员干部，都必须坚信只有扑下身子，埋头苦干，以勤奋为美，以劳动为荣，才能成就一番大事，才能成就幸福人生。

二、靠团结战胜困难

最伟大的力量是同心合力。2012 年 11 月，习近平总书记在新任政治局常委与记者见面会上的讲话中强调，“每个人的力量是有限的，

① 习近平：《在党的群众路线教育实践活动工作会议上的讲话》（2013 年 6 月 18 日），《习近平反腐论述里的大白话：有人独断专行 老子天下第一》，学习微平台，2015 年 8 月 12 日。

但只要我们万众一心，众志成城，就没有克服不了的困难”[①]。2015年9月，他在颁发“中国人民抗日战争胜利70周年”纪念章仪式上的讲话中，再次强调：“在中国共产党倡导建立的抗日民族统一战线旗帜下，海内外中华儿女以强烈的家国情怀，空前团结起来，争先投入保家卫国的伟大斗争之中，形成了人民战争的汪洋大海，谱写下惊天地、泣鬼神的爱国主义篇章。”[②]在党的十九大报告中，他又重申：“深化民族团结进步教育，铸牢中华民族共同体意识，加强各民族交往交流交融，促进各民族像石榴籽一样紧紧抱在一起，共同团结奋斗、共同繁荣发展。”团结就是力量。团结是中国人战胜一切敌人的历史经验，团结是中华民族走向复兴的必要条件。

形成坚强的领导核心。拿破仑说过，中国是一头沉睡的狮子，当这头睡狮醒来时，世界都会为之发抖。但是，当这个狮子睡着时，似乎谁都可以欺负她。世界大凡排得上号的西方发达国家，都曾经侵略过中国。一个庞大的帝国，拥有众多的人口，但却一盘散沙，组织不起来，只能昏昏地沉睡着，只能痛苦地睡着。中国组织不起来的深层原因是缺少一个坚强有力的领导核心。自从中国共产党诞生之后，中国人就有了“主心骨”，四万万中国人终于团结起来了。中国人一旦解决了团结问题，就汇聚起挽狂澜于既倒的强大力量。中国这头狮子已经醒了。重整旧河山之后，日月换新天。站起来的中国人，在大事

① 习近平：《在新任政治局常委与记者见面会上的讲话》（2012年11月15日），载《人民日报》2012年11月16日。

② 习近平：《在颁发“中国人民抗日战争胜利70周年”纪念章仪式上的讲话》（2015年9月2日），载《人民日报》2015年9月3日。

难事上表现出了惊人的组织能力。从两弹一星到神舟飞船，从银河天河到量子卫星，从高铁到大桥，从反腐倡廉到全面小康等等，任何一件大事，都可傲视全球。特别是在全面从严治党战略的推进下，中国共产党的凝聚力不断上升，以习近平同志为核心的党中央的威信也越来越高。全体党员干部，要珍惜这种来之不易的战略优势和优良传统，自觉增强政治意识、大局意识、核心意识和看齐意识，把纪律和规矩挺在前面，把自己铸造成伟大组织的一颗过硬零件。

建立最广泛的统一战线。2014 年 9 月，习近平总书记在庆祝中国人民政治协商会议成立 65 周年大会上的讲话中，强调“统一战线是中国共产党夺取革命、建设、改革事业胜利的重要法宝，也是实现中华民族伟大复兴的重要法宝。”[①] 中国统一战线，从民主联合战线、工农民主统一战线，到抗日民族统一战线、人民民主统一战线，再到爱国统一战线，是中国人团结奋斗的基本组织形式。中国历来都是崇尚和合的国家，注重求同存异，和而不同。五十六个民族五十六枝花，花花争艳才是真正的春天。中华民族复兴的中国梦，是所有海内外中华儿女共同的梦，博大精深的中华文化是海内外中华儿女共同的魂，团结统一的中华民族是海内外中华儿女共同的根。建立最广泛的统一战线，团结一切可以团结的力量，是中国共产党的神圣使命。巩固和发展最广泛的爱国统一战线，必须坚持和完善中国共产党领导的多党合作和政治协商制度，为各党派团体和各族各界人士搭建协商平台；

① 习近平：《在庆祝中国人民政治协商会议成立 65 周年大会上的讲话》（2014 年 9 月 21 日），载《人民日报》2014 年 9 月 22 日。

必须坚持和发扬各民族心连心、手拉手的好传统；必须努力促进党政军民关系、宗教关系、阶层关系、海内外同胞关系的大和谐，使党与人民始终保持血肉联系。党员干部要有这种建立统一战线的团结意识，团结一切爱国人士的力量，“要坚持各民族共同团结奋斗、共同繁荣发展的主题，深入开展民族团结宣传教育，使各民族同呼吸、共命运、心连心的光荣传统代代相传。”①

三、靠学习走向未来

在党的十九大报告中，习近平总书记提出：“要增强学习本领，在全党营造善于学习、勇于实践的浓厚氛围，建设马克思主义学习型政党，推动建设学习大国。”把学习本领作为执政本领的关键性本领，作为第一本领，是其他各项能力的前提和基础，贯穿于政治领导本领、改革创新本领、科学发展本领、依法执政本领、群众工作本领、狠抓落实本领、驾驭风险本领等各项本领之中。改造客观世界与改造主观世界，是一个事物的两个侧面，互为前提和条件。学习是改造主观世界的基本路径。放松了学习，就放松了主观世界的改造。放松了主观世界的改造，客观世界的改造必然陷入迷、盲、乱的状态。2013 年 3 月，习近平总书记在中央党校建校 80 周年庆祝大会暨 2013 年春季学期开学典礼上的讲话，题目就叫《要依靠学习走向未来》，详尽地剖析了

---

① 《习近平看望出席全国政协十二届二次会议的少数民族界委员并参加联组讨论》，新华网，2014 年 3 月 4 日。

学习的意义、内容和方法。

“学者非必为仕，而仕者必为学。”随着社会不断发展，社会更新速度在不断加快，进入知识社会，新知识新情况层出不穷，社会治理越来越复杂，所需知识和能力也越来越专业。治理能力不是天生而来的，必须是通过学习与实践得来。终身学习是现代生活的必然要求，对于党员干部来说更是如此。加强学习不仅是党员干部加强党性修养、提升精神境界、坚定理想信念的必然要求，也是党员干部特别是领导干部胜任工作的必然要求，还是推动学习型政党建设的必然要求。学习不仅仅是自己的事情，而是关乎国家事业发展的大事情。“我们党历来重视抓全党特别是领导干部的学习，这是推动党和人民事业发展的一条成功经验。”面对新形势新任务，“全党同志一定要善于学习，善于重新学习。”“中国共产党人依靠学习走到今天，也必然要依靠学习走向未来”①。

要有“本领恐慌”的紧迫感。我们正在从事的中国特色社会主义事业是伟大而波澜壮阔的，一个历经千年的古老文明，一个十亿人口级别的现代转型，一个迅速而深刻的复兴涅槃，完全可以算得上是震古烁今的伟业。面对如此伟大而复杂的事业，有些党员干部的“本领恐慌”值得我们高度注意。特别是当今时代，知识更新周期大大缩短。有学者研究认为，18世纪以前，知识量每90年左右翻一番；20世纪90年代以来，知识更新加速到3至5年翻一番。一个人读几年书就可

① 习近平：《要依靠学习走向未来——在中央党校建校80周年庆祝大会暨2013年春季学期开学典礼上的讲话》（2013年3月1日），载《人民日报》2013年3月2日。

以用一辈子的时代已经结束了。在知识经济时代，终身学习是一种普遍性状态。对党员干部来说更是如此，必须要有一种“一万年太久，只争朝夕”的紧迫感，利用一切可以利用的机会给自己“充电加油”。如果我们不努力提高各方面的知识素养，不自觉学习各种科学文化知识，不主动加快知识更新、优化知识结构、拓宽眼界和视野，那就难以增强本领，也就没有办法赢得主动、赢得优势、赢得未来。所以，全体党员干部特别是各级领导干部都要有加强学习的紧迫感。

要让自己成为“行家里手”。习近平总书记强调，“要坚持干什么学什么、缺什么补什么，有针对性地学习掌握做好领导工作、履行岗位职责所必备的各种知识，努力使自己真正成为行家里手、内行领导。”[①]既要向书本学习，也要向实践学习；既要向人民群众学习，也要向专家学者学习；既要向历史传统学习，也要面向世界学习。作为党员干部，首先要把马克思主义理论作为一切工作的看家本领来对待，真正做到真学、真信、真用。其次要把党的路线方针政策和国家法律法规作为开展工作的基本准备来对待，特别是要学好历史，知史爱党，知史爱国。再次是要结合工作需要，加强对政治、经济、历史、文化、社会、科技、军事等方面知识的学习，使自己成为行家里手。通过学习，领导干部要成为内行领导。

要像打仗一样安排自己的学习。对于个人而言，理论素养是能力素质的高级水平，而理论学习则是提高理论能力的基本路径。在现代

---

① 习近平：《要依靠学习走向未来——在中央党校建校80周年庆祝大会暨2013年春季学期开学典礼上的讲话》（2013年3月1日），载《人民日报》2013年3月2日。

知识快速更新的时代，要像毛泽东说的那样，像打仗一样安排自己的学习。一要有明确的学习目标。习近平总书记指出，要遵循“学马列要精、要管用”的原则。二要明了学习责任。读书学习水平在很大程度上决定着工作水平和领导水平，领导干部要真正把读书学习当成一种生活态度、一种工作责任、一种精神追求，持之以恒地学下去。三要讲究学习战略战术。要联系改造客观世界和主观世界来学，重点解决理想信念和本领恐慌问题；也要带着问题来学，把研究和解决重大现实问题作为学习的出发点，坚持用科学理论研究新情况新问题；又要在干中学，“结合工作需要来学习”，“坚持干什么学什么、缺什么补什么，有针对性地学习掌握做好领导工作、履行岗位职责所必备的各种知识”。有些经典性书，要多读反复读。读上一百零一次，比一百次的理解要深刻得多。毛泽东读《共产党宣言》就读了近百遍。读书百遍，其义自见。读多了，自然就会理解其中的核心要义和思想精髓，就会受到启发。

“知之者不如好之者，好之者不如乐之者。”兴趣是最好的老师。党员干部要善于从学习中收获快乐，对学习要有一种乐此不疲的态度。英国哲学家培根说过：“读史使人明智，读诗使人灵秀，数学使人周密，科学使人深刻，伦理学使人庄重，逻辑修辞使人善辩，凡有所学，皆成性格。”读书不仅能丰富人生，拓展情感空间，增强幸福获得感，而且能使人视野开阔，见解深刻，有更多的创新灵感，更好的工作成效。学以致用，知行合一。通过学习来提升能力，修炼性情，立德立功。

第二章
一分部署，九分落实

2013年11月，习近平总书记在山东考察调研时强调："党的十八届三中全会已经胜利闭幕，军令状已经下达，集合号已经吹响。一分部署，九分落实。改革蓝图有了，现在的关键是把蓝图一步步变为现实。学习贯彻党的十八届三中全会精神，重点是坚定信心、凝聚共识、落到实处。"[①] 如果落实不给力，再好的部署、再美的蓝图，也只是镜中花、水中月。在落实上最讲认真，一直是中国共产党的优良传统和党性品质。在全面深化改革的关键时期，全体党员干部要着力提高落实的政治感，切实增强落实的主体责任，自觉接受群众监督和上级督查。

第一节　着力提高贯彻落实党中央重大决策部署的政治责任感

党章规定："党组的任务，主要是负责贯彻执行党的路线、方针、

① 《习近平总书记关于狠抓落实重要论述摘录》（2012年11月—2016年7月），载《监察部网站》2016年8月8日。

政策；讨论和决定本单位的重大问题；做好干部管理工作；团结党外干部和群众，完成党和国家交给的任务；指导机关和直属单位党组织的工作。”也就是说，党组织是中央决策部署的贯彻主体，每个党员都要有执政意识，要能从政治高度来看待中央决策部署，把贯彻落实中央决策部署看作是自己的分内之事。对于影响国家民族命运的重大决策部署，应该有更高的政治责任感和使命感。

一、不讲政治不能叫共产党

在党的十九大报告中，习近平总书记强调：“旗帜鲜明讲政治是我们党作为马克思主义政党的根本要求。” 早在 2014 年，习近平总书记在十八届四中全会第二次全体会议上的讲话中，就曾指出：“我们党作为马克思主义政党，讲政治是突出的特点和优势。没有强有力的政治保证，党的团结统一就是一句空话。我国曾经有过政治挂帅、搞‘阶级斗争为纲’的时期，那是错误的。但是，我们也不能说政治就不讲了、少讲了，共产党不讲政治还叫共产党吗？”[①] 政党政治是现代政治的基本形态，政党就是为政治而生的。讲政治是政党的第一属性。如果一个党员干部政治出问题了，那也是大问题。正如习近平总书记强调的：“干部在政治上出问题，对党的危害不亚于腐败问题，有的甚至比腐败问题更严重。在政治问题上，任何人同样不能越过红

---

① 习近平：《在中共十八届四中全会第二次全体会议上的讲话》（2014 年 10 月 23 日），转引自《习近平：谁都不能拿政治纪律和政治规矩当儿戏》，中央纪委监察部网站，2016 年 1 月 10 日。

线，越过了就要严肃追究其政治责任。有些事情在政治上是绝不能做的，做了就要付出代价，谁都不能拿政治纪律和政治规矩当儿戏。”[①]历史和现实一再表明，腐败问题总是与政治问题相伴而生的。搞拉帮结派、收买人心之类的事，需要钱。没钱怎么办，只能腐败。反过来，腐败分子为了自己的安全，就会去找保护伞，就会去搞团团伙伙。一个政党一旦政治性不强了，甚至不讲政治了，就会弊病丛生、人心涣散。反之，如果全党讲政治，就会带来风清气正、团结统一的局面。讲政治，是我们党补钙壮骨、强身健体的根本保证，是党员干部党性修养的根本途径。因此，讲不讲政治，是关乎党和国家前途命运的大事。

党员讲政治，关键要心中有党。党员是党的人，理所当然要在党言党，在党爱党，在党护党。心中有党并不是空泛的，而是具体的。心中有党，就要有党的理想追求。“两个一百年”的奋斗目标，中华民族伟大复兴中国梦等党的理想追求，要内化成为我们每一个党员的坚定追求，时刻不忘为了党的事业而不断努力奋斗。心中有党，就要有党的政治立场。看问题、思考问题时，注意屁股不要坐偏了，要时刻牢记自己的党员身份。坚定自己的人民立场，坚持全心全意为人民服务的根本宗旨。心中有党，就要爱党。我们的党是一个以人类解放为终极使命的马克思主义政党，我们的党是中华优秀传统文化浇灌出来的马克思主义政党，我们的党是历经了无数苦难和创造了无数辉煌的马克思主义政党。总之，中国共产党是伟大的党，是充满智慧和能

① 习近平：《在中共十八届四中全会第二次全体会议上的讲话》（2014 年 10 月 23 日）转引自《习近平：谁都不能拿政治纪律和政治规矩当儿戏》，中央纪委监察部网站，2016 年 1 月 10 日。

力超强的党，每个党员都应该感觉自豪与珍爱。心中有党，就要护党。我们的党史与国家民族的历史已经深度融合在了一起，国家、民族和政党的命运早已联成一体，一荣俱荣，一损俱损。作为党员，时刻不忘自己对党应尽的义务和责任，自觉维护党的光辉形象，自觉维护党的团结统一，自觉与党中央保持高度一致。

党员讲政治，必须有忧患意识。忧患意识是一种压力，也是一种动力，是生命活力得以保持的必要条件。正所谓“生于忧患，死于安乐。”在非洲兰洽河两岸，分别有两群羚羊，令人奇怪的是，两地羚羊的繁殖能力以及生存能力有着天壤之别。而且东岸强于西岸，这引起了很多人的好奇。经过调查分析，发现原因很简单——东岸有狼群。正是这群狼，使得东岸的羊群时刻警惕，一旦发现狼群便拼命奔跑。在它们的意识中都知道落后的下场是死亡。这种拼命奔跑，成就了羊群顽强的生命力。而西岸的羚羊在自己的领域中随心所欲，没有一种“逃命”的意识，吃得胖，跑得慢，后来在草地减少，狼出现等危险来临之时，无力抵抗，身体活力难以回到以前。在人类世界里，也存在着类似的现象，“富贵不过三代”，“国无外患，国恒亡”，忧患与奋斗是幸福的源泉，安逸与享受则是苦难的开始。纵观历史，所谓的历史周期律，常常表现为忧患意识的周期性兴衰。历朝历代大凡立国之初，困难重重，每个人都是聚精会神、谨慎小心，结果从万死中觅得生活。继而环境渐渐好转了，精神上也渐渐放松了，于是弊病丛生，接着人亡政息。然后，又是新一轮的循环。“思所以危则安矣，思所以乱则治矣，思所以亡则存矣。”这是生存和发展的铁律。

“行百里者半九十”，党的十九大报告指出，“中华民族伟大复兴，绝不是轻轻松松、敲锣打鼓就能实现的。全党必须准备付出更为艰巨、更为艰苦的努力。”必须进行具有许多新的历史特点的伟大斗争，进行长期的、复杂的、艰巨的斗争，才能实现我们伟大的梦想。“统筹发展和安全，增强忧患意识，做到居安思危，是我们党治国理政的一个重大原则。”任何贪图享受、消极懈怠、回避矛盾、被动斗争的思想和行为，都是错误的，都有碍于伟大梦想的实现。作为近代多灾多难的中华民族，山河破碎的血泪殷鉴不远，国家至今未能完成统一，各种敌对势力阴魂不散，处心积虑遏制中国。从积贫积弱的“东亚病夫”，到令世界尊敬的大国，这份国家安全与尊严，是多少壮志热血换来的，是多么来之不易，又是多么弥足珍贵。中华民族的复兴之梦，注定充满崎岖坎坷，崛起之路显然不可能一路绿灯。所有党员干部，只有团结起来，才能凡事有备无患，永远立于不败之地。按我们现在的体量，只要每一个共产党人都有“先天下之忧而忧，后天下之乐而乐”的情怀，增强忧党、忧国、忧民意识，就可以团结成一股伟大的力量。近九千万党员的组织，再加上十三亿中国人民作为后盾，就构成一种势不可挡的力量。除了自己，没有任何一种外在的力量，足以打倒我们。

因此，忧患意识是一种责任，一种担当。每个党员干部，要深刻认识党面临“四大考验”的长期性和复杂性，深刻认识党面临“四种危险”的尖锐性和严峻性，深刻认识增强自我净化、自我完善、自我革新、自我提高能力的重要性和紧迫性，特别是各级领导干部要坚持“两个务必”，坚持底线思维，做到居安思危，不囿于眼前，不安于现状，不掩盖矛盾，不贪图享受，自觉为党和人民不懈奋斗。广大党员干部一定要立解忧之志、践去患之行，不断自我“加压”，始终保持紧迫感、危机感，不断增强工作的预见性、超前性、主动性，切实做到永远战战兢兢，永远如履薄冰，永远如临深渊！

二、把政治纪律和政治规矩挺在前面

政治纪律是最重要的纪律，政治规矩是最重要的规矩。“矩不正，不可为方；规不正，不可为圆。”对于一种组织而言，纪律就是组织能力的具体表征，规矩就是组织生命的典型标志。岳家军“冻死不拆屋，饿死不掳掠”，解放军“不拿群众一针一线”，中共中央“八项规定”，都是严明纪律的典范。而在所有的纪律当中，政治纪律是排在第一位的。习近平总书记在多个场合强调，要把政治纪律和政治规矩挺在前面。“党的纪律是多方面的，但政治纪律是最重要、最根本、最关键的纪律，遵守党的政治纪律是遵守党的全部纪律的重要基础。”[①]在党的十九大报告中，他又强调：“坚决维护党中央权威和集中统一领导，严明党的政治纪律和政治规矩，层层落实管党治党政治责任。”对政治纪律的严格要求，是世界政党治党的一般规律。我们经常可以看到西方政党在投票时，一个政党要不全投反对票，要不全投赞成票。如果出现乱投，该政党的价值就打折扣了，乱投的党员也要接受相应的处罚。这类统一行动的背后，都是纪律在起作用。“一个政党，不

① 《十八大以来重要文献选编》（上），中央文献出版社2014年版，第131—132页。

严明政治纪律，就会分崩离析。”[①] 2014 年 10 月，在全军政治工作会议上的讲话中，习近平更是强调：“军队守纪律首要的是遵守政治纪律，守规矩首要的是遵守政治规矩，并且标准要更高、要求要更严。”[②]

政治纪律和政治规矩是党员干部成长的护栏。对于组织来说，维护纪律就是维护组织生命。对于个人而言，则是成长的护栏。航空界关于飞行安全有一个著名的“海恩法则”：每一起严重事故的背后必然有 29 次征兆，每一次征兆背后又有 300 个事故苗头，每个苗头的背后，又有 1000 起的事故隐患。说的就是一个量变到质变的问题，也是一个防微杜渐的问题。一个人的变坏，也不是一朝一夕的事情。正如习近平总书记曾经语重心长地告诫：“如果开始就咬耳朵、扯袖子，在执纪方面抓得很紧，可以让多少人避免违法？过去形成了这么一种现象，就是不到违法的程度大家都可以‘包容’、‘宽容’，到了违法就由他去吧。这是对党和干部不负责任的表现。”[③] 所以说，把政治纪律和政治规矩挺在前面，是在党员干部成长的道路上加了两道护栏。看看那些落马的大腐小贪的忏悔录，都可以发现在他们通往罪恶的道路上，原本是有很多机会回头的。但是，规矩和纪律没能起到应有的作用，松弛的规矩和纪律反倒是助长了他们的贪念和侥幸。跨越政治纪律与规矩的红线，曾几何时甚至成为少数人炫耀的资本，成为

---

① 《十八大以来重要文献选编》（上），中央文献出版社 2014 年版，第 133 页。

② 习近平：《在全军政治工作会议上的讲话（2014 年 10 月 31 日）》，转引自《习近平关于严明党的政治纪律和政治规矩的一组论述》，中国共产党新闻网，2016 年 2 月 3 日。

③ 习近平：《在第十八届中央纪律检查委员会第六次全体会议上的讲话》（2016 年 1 月 12 日），转引自《习近平关于严明党的政治纪律和政治规矩的一组论述》，中国共产党新闻网，2016 年 2 月 3 日。

少数人调侃的谈资。抹黑英雄、解构崇高、歪曲历史等，就是在那种环境下滋生出的毒瘤。如何拨乱反正、正本清源，唯有把政治纪律和政治规矩挺在前面，重树政治红线的权威。“任何人不得越过政治纪律、政治规矩的红线，越过了就是大忌，就要付出代价。”[①]

据中央纪委监察部网站统计，自 2012 年 12 月中央“八项规定”实施至 2017 年 4 月底，全国累计查处违反中央“八项规定”问题 16 万多起，相关人员受到组织处分。平均每天因违反中央“八项规定”精神被查处的问题就超过 100 起。其中，自 2012 年 12 月中央“八项规定”实施至 2013 年底，全国查处违反中央“八项规定”问题 2 万多起；2014 年查处 5 万多起，同比增长超 110%；2015 年查处 3 万多起，同比下降 30%；2016 年查处 4 万多起，同比增长 10%；2017 年前 4 个月共查处问题 1 万多起，月均查处问题数较上年同比下降近 20%。从处分人数看，自 2012 年 12 月至 2013 年底，全国因违反中央“八项规定”精神受到处分的人数共 7000 多人；2014 年处分人数共 2 万多人，同比增长超过 200%；2015 年处分 3 万多人，同比增长超过 40%；2016 年处分 4 万多人，同比增长 25%。[②]处分人数同比增幅的下降，意味着“四风”问题增量呈下降态势，意味着查处成效逐渐显现，“不敢腐”氛围的持续巩固，“四风”问题总体态势得到遏制。处分人数的上升，反映了“四风”问题存量大，也彰显出监督执纪力度的不断加大，越

---

① 习近平：《在全军政治工作会议上的讲话》（2014 年 10 月 31 日），转引自《习近平关于严明党的政治纪律和政治规矩的一组论述》，中国共产党新闻网，2016 年 2 月 3 日。

② 《第四周通报数据分析：八项规定实施以来处分人数的增幅逐年下降》，中央纪委监察部网站，2017 年 5 月 24 日。

往后执纪越严。存量大、增量降、总量升的现实情况，也意味着政治纪律和政治规矩权威得到了很好的树立，越来越挺到了前面。纪律的力度、深度与广度在新的历史时期前所未有，党风政风为之一新，党心民心为之一振。

第二节　切实增强贯彻落实党的决策部署的主体责任

《中共中央关于全面深化改革若干重大问题的决定》中明确规定："落实党风廉政建设责任制，党委负主体责任，纪委负监督责任，制定实施切实可行的责任追究制度。"[①] 这个决定内容中，"责任"两字共出现了26次。这也反映了进入新时代之后，我们抓工作的一个基本特色：落实主体责任，拧紧责任螺丝。只有把主体责任划分清楚，落实到位，整个工作才能做到系统推进。

一、落实主体责任

强化守土责任意识。社会的各种乱象，大体都可以从管理者、执政者身上找到失职的原因。2015年1月13日，习近平总书记在第十八届中央纪律检查委员会第五次全体会议上的讲话中，讲到有一类

① 《中共中央关于全面深化改革若干重大问题的决定》，新华网，2013年11月15日。

干部不讲政治，存在乱评乱议、口无遮拦的现象。这些人热衷于转发网上不良信息，传播小道消息，甚至和一些所谓“铁杆朋友”聚在一起妄议中央大政方针，没有大是大非的观念。这些人热衷于打探消息，四处寻问，八方打听，不该问的偏要问，不该知道的特想知道，捕风捉影，喜欢私下传播一些所谓的“内幕消息”，甚至打起造谣生事的擦边球。“虽然这只是不负责任地传播消息、发表议论，也不是在正式场合说的，但其腐蚀性、涣散性也是非常严重的。”[①]这些人，全然忘记了自己的党员干部身份，忘记了身上的责任。习近平总书记在很多场合，都强调要明确自己的身份与责任。2015 年 12 月，全国党校工作会议强调坚持党校姓党的根本工作原则切实做好新形势下党校工作；在 2016 年 2 月，他在党的新闻舆论工作座谈会上，强调党报姓党，守住舆论阵线。只要全国各条战线的人员和机构，都能各司其职、各负其责又相互协作配合，社会主义伟大事业何愁不发展。

强化主体的落实责任。2014 年 10 月，习近平总书记在党的群众路线教育实践活动总结大会上的讲话中强调，“历史和现实特别是这次活动都告诉我们，不明确责任，不落实责任，不追究责任，从严治党是做不到的。”网上流传一副对联：上联是“你开会我开会大家都开会”，下联是“你发文我发文大家都发文”，横批是“谁来落实”。这副对联，描写的就是“文山会海”的形式主义，其内在的本质就是有责任不落实。更有甚者，把开会发文本身当作落实，遇到工作表态

① 习近平：《在第十八届中央纪律检查委员会第五次全体会议上的讲话》（2015 年 1 月 13 日），载《人民日报》2015 年 1 月 14 日。

快，口号响，在实际落实时则敷衍了事。形式主义耗费了大量的人力物力财力，许多工作却悬在半空中。结果，没问题变成有问题，小问题拖成大问题。形式主义的背后，是懒政怠政，是官僚主义。其折损的是党和政府的威信，消减的是人民群众对党和政府的深厚感情。如何才能根除这类形式主义，抓实抓好主体的落实责任，是必然的要求。一级做给一级看，一级带着一级干，把落实工作的责任传导至全体党员干部。要让实干之人有发展空间，让搞形式主义的人付出代价，形成求真务实的导向。

各级党组织一把手，要切实担负起党风廉政建设主体责任，加强纪律建设，严明党的政治纪律和政治规矩，横下一条心坚决纠正“四风”，对腐败实施零容忍，坚决遏制腐败蔓延势头，强化党内监督，有案必查，不断把党风廉政建设和反腐败斗争引向深入。2017 年 7 月，中央纪委公开曝光了安徽省亳州市利辛县望疃镇的一个案例。2015 年 11 月以来，望疃镇分管民政工作的副镇长代伟华，民政办民政助理员李怡、会计吴飞、工作人员蔡登龙，蔡桥村村委会主任徐守礼等 10 名镇、村干部，先后因套取国家危房改造资金、民政经费及征地补偿款等违纪违法问题受到处理，涉案金额 140 余万元。望疃镇党委、纪委对国家民生工程危房改造项目只安排由民政办把关实施，未对重点领域和关键环节的廉政风险进行深入排查，疏于对党员干部的教育、管理和监督，致使发生多人严重违纪违法问题。2016 年 12 月，该镇党委原书记潘立新因落实主体责任不力受到党内警告处分，纪委原书记代洪富监督责任落实不力，也受党内警告处分。[1]中央纪委有关负责人强调，各级党组织和党的领导干部要坚决落实党中央决策部署，牢固树立“四个意识”，提高政治觉悟，真正把管党治党政治责任担当起来，以问责推动监督责任落实，唤醒责任意识，激发担当精神。

落实主体责任需要克服几个问题。一是“上热中温下冷”，责任意识层层递减，压力传导不够到位。落实主体责任主动性和自觉性不强，还停留在学习、领会和表态阶段，没有形成具体行动和措施，光说不练，想当老好人。二是“口号喊在党委，工作还在纪委”，口号喊得很响，但没有亲自做执行和推动的工作，落实主体责任大多工作依旧由纪委承担，上级来检查考核，自己存在等靠要的被动应付思想。三是以“文件落实责任”，一些地方落实党风廉政建设责任制的主要模式是开开会、签签字、讲讲课、表表态、泛泛提要求，在抓落实方面存在缺位现象。四是“凭印象、靠嘴说、看材料”，有些地方缺乏有效工作机制，上级发文少了就不知如何开展工作了。五是维护松散的“团结”，不讲原则，存在庸俗化、宽泛化情形，责任追究手段常仅限于通报批评、诫勉谈话和组织处理，美其名曰“怕影响团结”，实则责任追究失之于宽失之于软。各级党组织和党员干部，要有意识地克服以上这些不良倾向。

① 《落实中央纪委公开曝光六起落实全面从严治党主体责任和监督责任不力被问责典型案例》，中央纪委监察部网站，2017 年 7 月 17 日。

二、抓住领导干部这个“关键少数”

2015年3月，习近平总书记参加上海代表团审议时强调：“全面从严治党，是我们党在新形势下进行具有许多新的历史特点的伟大斗争的根本保证。关键是要抓住领导干部这个‘关键少数’，坚持思想建党和制度治党紧密结合，全方位扎紧制度笼子，更多用制度治党、管权、治吏。”[①]一只狮子带领一群绵羊，能够战胜一只绵羊带领一群狮子。这是西方谚语的一个说法，我们有“兵熊熊一个，将熊熊一窝”的说法。这两个说法，强调的就是领导者的重要作用。领导常常处于组织的中心，拥有决定组织事务的权力，在影响他人方面有着得天独厚的优势。权力与非权力影响，两者合而为一，就可以赋予组织以强大的生命力。如果领导者说的和做的不一样，说一套做一套，甚至是人格分裂，做两面人，那整个组织就会表现出分裂状态，表面一套，潜规则又是另一套，组织的生命力就大打折扣。只要抓住了领导干部这群“关键少数”，就可通过言传加身教、身教重于言教的方式，形成一级带着一级干、一级示范一级的几何效应，讲原则、守纪律、拒腐蚀的风清气正的政治环境就有了组织基础。

书记要善于通过党委（支部）落实从严治党的责任。2016年1月，习近平总书记在第十八届中央纪律检查委员会第六次全体会议上的讲话中强调：“各级党组织要担负起全面从严治党主体责任。全面从严治党，核心是加强党的领导，基础在全面，关键在严，要害在治。‘全

---

① 《习近平参加上海代表团审议》，人民网，2016年3月6日。

面’就是管全党、治全党……覆盖党的建设各个领域、各个方面、各个部门，重点是抓住‘关键少数’。”[①] 这段话其实表达了三层含义，一是要抓住关键少数，二是要发挥组织的功能，三是领导要善于通过组织来抓组织，即党要管党。党委统一领导下的首长分工负责制是我们的根本领导制度，民主集中制是我们的根本组织原则，集体领导是我们领导制度的根本特色。全面从严治党，责任落到实处，必然要落到各级组织及其负责人身上。负责人抓建组织，必须通过党组织来抓，把组织管人、组织用人等功能用起来。只有将两者的优势发挥出来，将民主与集中的优势中和起来，各级组织的潜力就可以发挥到最大。既能实现科学决策、集体决策，又能实现领导负责、分工落实。

2016 年 12 月，中央巡视组在巡视中发现中国中铁股份有限公司所属中铁科工集团公司存在违规选人用人问题。经调查核实，中铁科工集团公司近年来在选人用人方面存在的主要问题有：违反公司有关任职回避等规定，提拔下属装备公司副总经理向某（集团公司原党委副书记、总经理鄢怀斌外甥女婿）为装备公司总经理；提拔任用部分干部不履行考察程序或考察工作不规范、违反个人有关事项报告抽查核实相关规定；以书面形式征求班子成员意见代替党委会议研究个别干部任免工作；干部人事档案管理混乱、部分人员人事档案资料不真实等。2016 年 12 月，因落实主体责任和监督责任不力，中铁科工集团有限公司党委书记、董事长唐智奋，受到党内严重警告处分；集团

① 习近平：《在第十八届中央纪律检查委员会第六次全体会议上的讲话》（2016 年 1 月 12 日），转引自《习近平关于严明党的政治纪律和政治规矩的一组论述》，中国共产党新闻网，2016 年 2 月 3 日。

公司原党委副书记、总经理鄢怀斌受到党内严重警告处分，降为集团公司副巡视员；党委副书记、纪委书记张占成受到党内警告处分。[①]问责一个，警醒一片。领导在其位，必谋其政，否则难保周全。

第三节　将落实政策的评判权和监督权真正交给人民群众

2014年10月，习近平总书记在党的群众路线教育实践活动总结大会上的讲话中强调，“这次活动在坚持自我教育为主的同时，注重强化外力推动，坚持真开门、开大门，让群众参与，让群众监督，诚恳请群众评判……实践证明，集中教育活动必须打开大门、依靠群众，让群众来监督和评判，才能做到不虚不空不偏。”[②]群众路线教育实践活动是如此，其他政策的落实也是如此，必须将政策好坏的评判权和监督权真正交给人民群众。

一、群众意见是一把最好的尺子

“知屋漏者在宇下，知政失者在草野。”人民群众是国家的主体，是历史的主人。代表人民的根本利益，保持同人民群众的血肉联系，

---

① 《落实中央纪委公开曝光六起落实全面从严治党主体责任和监督责任不力被问责典型案例》，中央纪委监察部网站，2017年7月17日。

② 习近平：《在党的群众路线教育实践活动总结大会上的讲话》（2014年10月8日），载《人民日报》2014年10月9日。

是我党生存发展壮大的基本经验。全心全意为人民服务，是我们党的唯一根本宗旨。人民群众对美好生活的向往，就是我们党的奋斗目标。我们党没有所谓独立的利益。马克思主义权力观概括起来就是“权为民所赋，权为民所用。”“让群众满意是我们党做好一切工作的价值取向和根本标准，群众意见是一把最好的尺子。”[①]领导干部不管在什么岗位，都必须把人民群众放在心里最高的位置，把人民群众的根本利益放在行使权力的最高位置，把人民群众满意作为政策落实效果的最高尺度。

群众呼声是作风建设的第一信号。2013 年 3 月 17 日，习近平总书记指出：“中国梦归根到底是人民的梦，必须紧紧依靠人民来实现，必须不断为人民造福。”人民的主体地位，必须要彰显出来。人民的疾苦，群众的难处，百姓的苦难，都是我们党工作的聚集之处。坚持问题导向，改革才有可持续的动力，解决问题政策才算落到实处。群众的呼声，就是最大的工作矿场，那里不仅有各项改革的源头，还有问题的对策，还有政策落实的力量。各级干部要坚持问需于民，问计于民，尊重群众的首创精神，汇集群众的力量，带领群众一起发展。

要把群众的获得感作为改革成效的评价标准。在 2016 年 2 月 23 日召开的中央全面深化改革领导小组第二十一次会议上习近平总书记提出新的评价标准：“把是否促进经济社会发展、是否给人民群众带来实实在在的获得感，作为改革成效的评价标准。”我们的各项改革

① 习近平：《在党的群众路线教育实践活动总结大会上的讲话》（2014 年 10 月 8 日），载《人民日报》2014 年 10 月 9 日。

措施落实了没有，效果怎么样，基层群众有最实际的感受。落实得好，落实得快，群众就会有很强的获得感，群众就会热烈拥护。落实得不好，落实太慢，达不到群众的预期，群众就会不满意。群众是最讲实际的，口号喊得再响，不见行动，不见实惠，都是感动不了群众的。我们要经常问，人民群众的生活水平提高了没有，老百姓的钱袋子鼓起来了没有，改革的成果有没有转化为百姓的切实利益，社会财富有没有实现全民共享，这些问题要常问，要把群众的获得感作为一切工作的检验标准。这也是我们党根基在民的必然要求。同时也需要我们进一步完善政府的评价体系，不能再唯 GDP 论英雄了。正如十八届三中全会的《决定》指出："完善发展成果考核评价体系，纠正单纯以经济增长速度评定政绩的偏向，加大资源消耗、环境损害、生态效益、产能过剩、科技创新、安全生产、新增债务等指标的权重，更加重视劳动就业、居民收入、社会保障、人民健康状况。"①

对群众的反映必须有到位的回应。这不仅是全心全意为人民服务的底线要求，更是治国理政的基本方法。群众的反映，就是工作的抓手。对群众诉求的回应，是党员干部的专业素质和职业道德。对群众反映的问题，不作回应，或者是回应不及时，不到位，本质上都是在回避矛盾、掩盖问题。2016 年 5 月起，贵州省安顺市平坝区鼓楼办事处大关村村民多次上访反映村支书邱继明污染水源、损坏群众利益等问题。李志成、区纪委二室主任刘培忠在调查核实有关问题反映时，发现邱

① 《中共中央关于全面深化改革若干重大问题的决定公布》，新华网，2013 年 11 月 15 日。

继明的行为已构成违纪、需追究党纪责任，却未按有关规定提出立案审查意见，建议作了结处理；李志成对该案中有关干部主动交代违纪问题的重要情况，未及时向组织报告，影响了相关工作的正常开展。此外，联系大关村民生工作的区纪委第一民生监督组，对大关村等民生领域存在的突出问题未能及时发现，对群众反映问题未及时采取有效措施解决。2016 年 12 月、2017 年 3 月，因对信访举报调查不力被问责，贵州省安顺市平坝区纪委原常委、信访室主任李志成受到党内严重警告处分；区纪委二室主任刘培忠受到党内严重警告处分；第一民生监督组组长、区纪委第一纪工委书记郑汝祥，原第一民生监督组副组长、鼓楼街道纪工委书记李联分别受到党内警告处分；分管民生监督工作的监察局原副局长贺辉（非中共党员）受到行政警告处分。[①] 群众有所反映，政府必有所回应。回应必有责任人，回应不力，即被问责。

二、权力关进笼子，钥匙交给民众

“把权力关进制度的笼子里。”“没有监督的权力必然导致腐败，这是一条铁律。”[②] 这是由人之本性的内在缺点所决定的，具有普遍性意义。权力是公共产品，理应服务于公众。但如果没有有效的监督，权力难免会用来谋取自己的私利。如何来制约权力，只能是调整权力

① 《落实中央纪委公开曝光六起落实全面从严治党主体责任和监督责任不力被问责典型案例》，中央纪委监察部网站，2017 年 7 月 17 日。

② 《十八大以来重要文献选编》（上），中央文献出版社 2014 年版，第 342 页。

的结构，合理分解权力，形成权力制衡的局面，避免形成绝对权力。唯有通过制度，规范权力的运行，监督权力的运作，划清权力的边界，权力才能为人民所驯服。制度是管长远、管根本的东西，好的制度能使坏人干不了坏事，坏的制度能使好人干不成好事。好的制度要健全配套，如果留有“天窗”“暗门”，就会让制度成为摆设。“没有健全的制度，权力没有关进制度的笼子里，腐败现象就控制不住。在这次教育实践活动中，建章立制非常重要，要把笼子扎紧一点，牛栏关猫是关不住的，空隙太大，猫可以来去自如。”[①] 好的制度要务实管用，必须突出针对性和指导性，具有很强的操作性。这就要求制度在制定的过程中，要广泛听取党员、干部的意见，制度的生命力在于执行，如果有令不行，有禁不止，法纪的刚性约束就会成为“橡皮筋”。

钥匙交给民众。权力原本就来源于民众，权力就应该服务于民，权力必须为民所驯服。把权力关进制度的笼子，原始初心就是要保护人民的权利不受权力的伤害。制度笼子的钥匙，在谁手里，是笼子设计时必须要考量的关键性要素。如果权力者自制笼子，而且权力者自身如果执掌钥匙，很显然，权力肯定难以全面服从于笼子外的民众，也难以保证权力不出笼子，不为害天下。制度如何设计，才能保证钥匙在人民手中，这就成为关键的关键。马克思说过，一切公职人员必须“在公众监督之下进行工作”。阳光是最好的防腐剂，让权力在阳光下运行，让民众参与进权力的设计及运行中来。构建多层次的监督网络，让监督的阳光照亮每一个权力的角落。“要加强党内监督、人

① 《十八大以来重要文献选编》（上），中央文献出版社2014年版，第720页。

大监督、民主监督、行政监督、司法监督、审计监督、社会监督、舆论监督，努力形成科学有效的权力运行和监督体系，增强监督合力和实效。”[①] 钥匙如何管理，如何使用，才能更加高效，唯有实施法治。法治是现代治理的路径和方法。我们党要坚持以法治的理念、体制、程序，不断改进领导方式和执政方式。党员、干部要增强法治意识，坚持法定职责必须为、法无授权不可为，严格执法责任，做到严格规范公正文明执法。

人民群众是反腐的主力军。纵览五年来的一系列反贪行动，都可以发现群众的力量。“表哥”“房叔”为代表的“网络反腐”曾一度盛行。据 2014 年的《京华时报》报道，安徽省灵璧县向阳乡汤圩村 75 岁的村民汤尊，自费反腐共花费 15 万余元，负债 4 万元，曾两次签订生死之约，历经 15 年，终于扳倒了 9 名村干部。2012 年，当地政府决定补偿老人 4 万多元。人民网发表评论文章《群众反腐的热情可扬而不抑》，称这是一场反腐喜剧，一边是群众自费反腐，不惜落下一身债务，一边是政府支持群众反腐，为群众反腐费用买单。人民群众的积极参与是我们取得反腐斗争胜利的重要保证。2017 年热播的《人民的名义》中，以陈老为代表的人民群众，也是推动检察机关案件调查顺利开展的一大助力。腐败肯定会损害人民群众的利益，人民群众必然有反腐败的动力。现实中，有的人尽管在反腐败中受到威胁，甚至付出了惨重的代价，但依然前赴后继。人民群众的反腐行为，一

① 习近平：《在中共十八届四中全会第二次全体会议上的讲话》（2014 年 10 月 23 日），载《人民日报》2014 年 10 月 24 日。

旦能够得到有效保护，热情就会激发和高涨起来，就可以陷腐败分子于汪洋大海，无处可躲。2016年1月11日下午，习近平总书记主持召开中央全面深化改革领导小组第二十次会议，会议审议通过了《关于保护、奖励职务犯罪举报人的若干规定》等重要文件。会议指出，“举报工作是依靠群众查办职务犯罪的重要环节，也是反腐败斗争的重要组成部分。”[①]完善国家保护、奖励举报人制度，对在全社会弘扬正气、维护法律尊严具有重要意义。

2016年11月，四川省兴文县大河苗族乡九龙山村在县、乡人大代表选举时，发生未通知选民投票、工作人员直接填写选票等严重违规问题，导致选举无效。沈军作为县、乡人大换届选举工作领导小组组长及大河苗族乡人大换届选举工作指导组组长，未督促将相关政策法规培训到村组，选举当天现场督查流于形式，未及时发现和处置九龙山村违规选举问题。高建作为县、乡人大换届选举工作领导小组副组长，对换届风气督查不深入，对大河苗族乡纪委开展换届风气监督工作指导不力。2016年11月至2017年1月，因落实主体责任和监督责任不力，四川省宜宾市兴文县委书记沈军受到党内严重警告处分，纪委书记高建受到党内警告处分，大河苗族乡党委书记李坤华、纪委书记周宏分别受到党内严重警告处分，县、乡其他责任人员均受到责任追究。[②]党纪党规，岂能儿戏，岂容敷衍。任何自由都是以规矩为

---

① 《〈关于保护、奖励职务犯罪举报人的若干规定〉解读》，载《光明日报》2016年4月9日。

② 《落实中央纪委公开曝光六起落实全面从严治党主体责任和监督责任不力被问责典型案例》，中央纪委监察部网站，2017年7月17日。

限度的。作为领导干部，作为主要负责人，真正负起责任，是享有制度笼子内自由行使权力的基本条件，否则制度笼子将会发力，强制剥夺权力。

第四节　进一步加大督查和问责的力度

2015年2月，中央纪委监察部网站首次曝光了8起履行“两个责任”不力的典型案例，涵盖了广东、上海、湖南、云南等多个省市。2015年开启的问责“风暴”，使这一年度被定义为反腐的“责任追究年”。强化责任追究，才能推动主体责任的层层落实。“问责”就是反腐正风的“牛鼻子”，要牢牢抓住不放。

一、有权必有责，失职要问责

2012年12月，习近平总书记在首都各界纪念现行宪法公布施行30周年大会上的讲话中强调：“我们要健全权力运行制约和监督体系，有权必有责，用权受监督，失职要问责，违法要追究，保证人民赋予的权力始终用来为人民谋利益。”[①] 在后来的多次讲话中，反复强调有权必有责，权责要对等，失职要问责。2015年主持新修订了《中国共产党纪律处分条例》，2016年又主持制定颁发了《中国共产党问责

① 习近平：《在首都各界纪念现行宪法公布施行30周年大会上的讲话》（2012年12月4日），载《人民日报》2012年12月5日。

条例》，对问责原则、问责情形、问责的方式以及相关处分都做出了明确规定。问责既对组织问责，又对组织领导进行问责，而且还是终身问责，这些规定必将督促领导干部强化责任意识，更好地履职尽责。

信任代替不了监督。严是爱松是害，对于党员、干部而言，健康成长是第一位的。干部犯错误，组织负有不可推卸的责任。深入剖析这些年的典型案例，党的领导弱化、党的建设缺失、治党主体责任不清、纪律执行不力、反腐倡廉不坚决等问题都是存在的。如果这些问题克服得好，这些干部就不至于从违纪滑向违法的深渊。纪检机关和领导干部必须切实担负起从严治党的第一责任，强化各级组织管理教育干部的主体责任和监督责任。党中央和人民群众对纪检监察干部和各级领导干部充分信任，都寄予厚望。越是肩负重要使命，越要强化自我监督，自觉接受党和人民的监督。通过监督，使自己远离贪腐，强化“不敢”“不能”“不想”三重奏。

让正风反腐给老百姓带来更多获得感。责任要理清，追责要严肃。腐败与群众利益紧密相连，反腐败和维护群众利益，是同一事物两个侧面。作为党员、干部一定要把两者紧密地联系在一起。“锄一害而众苗成，刑一恶而万民悦。”“我们坚持有腐必惩、有贪必肃。同时，我们着力解决发生在基层和群众身边的不正之风和腐败问题，让正风反腐给老百姓带来更多获得感。”[①]“2015年，国家统计局问卷调查结果显示，91.5%的群众对党风廉政建设和反腐败工作成效表示很满

① 习近平：《在第十八届中央纪律检查委员会第六次全体会议上的讲话》(2016年1月12日)，转引自《习近平关于严明党的政治纪律和政治规矩的一组论述》，中国共产党新闻网，2016年2月3日。

意或比较满意。中国社科院一个问卷调查显示，93.7% 的领导干部、92.8% 的普通干部、87.9% 的企业人员、86.9% 的城乡居民对中国反腐败表示有信心或比较有信心。”[①] 这再次印证了，反腐倡廉建设顺党心、合民意，有着如此广泛和坚实的政治基础和群众基础，我们一定能够赢得这场输不起也决不能输的斗争！

问责是一把利剑。2013 年 12 月至 2014 年 11 月，湖北省档案科技推广中心、省档案技术咨询中心及其下属湖北典策档案科技发展有限公司，先后发生 3 起公款旅游问题，涉及中心在编和外聘人员、省内从事档案工作人员、公司员工等 300 余人。湖北省档案局副局长李宗春作为分管领导，明知典策档案科技发展有限公司公款旅游不制止、不纠正，对有的借公务之机组织公款旅游问题不提醒、教育监督不力。2017 年 3 月，因落实主体责任不力，李宗春受到党内警告处分。[②] 通过问责，层层传导压力，压紧压实责任，要结合推进“两学一做”学习教育常态化制度化，严肃党内政治生活，强化党内监督。各级纪检监察机关勇敢担负起监督责任，要敢于动真碰硬，对失职失责问题紧盯不放。凡案必查，查必严惩。各地区各部门不断加大问责力度，彰显了全面从严治党的坚强决心和失责必问的鲜明态度，“有权必有责，失职要问责”理念逐步深入人心。

---

① 习近平：《在第十八届中央纪律检查委员会第六次全体会议上的讲话》（2016 年 1 月 12 日），转引自《习近平关于严明党的政治纪律和政治规矩的一组论述》，中国共产党新闻网，2016 年 2 月 3 日。

② 《落实中央纪委公开曝光六起落实全面从严治党主体责任和监督责任不力被问责典型案例》，中央纪委监察部网站，2017 年 7 月 17 日。

二、以严肃问责推动责任落实

追责一定要严肃。2016 年 1 月，习近平总书记在第十八届中央纪律检查委员会第六次全体会议上的讲话中强调："我们要求各级党委扛起全面从严治党的政治责任，以严肃问责推动责任落实，层层传导压力，强化党员日常管理监督，拧紧管党治党的螺丝。"[①]问责一个，警醒一片。放松一个，麻痹一片。问责不能有怜悯之心，要敢于"较真"，勇于"碰硬"，这样才能发挥震慑效应。2014 年，涉案金额达 1.1 亿元的湖南衡阳贿选案，涉及 56 名省人大代表、518 名市人大代表、68 名代表大会工作人员，是 1949 年以来公开披露的涉案金额最大、涉及党政官员最多的一起选举弊案。案件传到中央，习近平总书记大为震怒，在第十八届中央纪律检查委员会第六次全体会议上，花了大量篇幅讲该案，并质问"衡阳的共产党员到哪儿去了"，当时，他连声追问六个"到哪儿去了"。严肃问责之后，给予党纪政纪处分 467 人，移送司法机关处理 69 人，人称"一窝端"。2015 年，在四川南充拉票贿选案的追责，对全部 477 名涉案人员进行了严肃处理。这几起严肃追责的案件，彻底打碎了人们心中"法不责众"的侥幸。这些地方被查处之后，政治面貌焕然一新，百姓普遍感到满意。

问责以传导压力。反腐倡廉建设是一盘大棋，中间环节很多。有

① 习近平：《在第十八届中央纪律检查委员会第六次全体会议上的讲话》（2016 年 1 月 12 日），转引自《习近平关于严明党的政治纪律和政治规矩的一组论述》，中国共产党新闻网，2016 年 2 月 3 日。

不少百姓说，反腐上热、中温、下冷，单是“打虎”对百姓来说影响还是很有限，如果能把中央纪委反腐的劲力传导至下层，解决百姓身边的“苍蝇扑面”“小官巨贪”种种问题，才算是彻底，百姓的获得感才会更强。如何打通“中梗阻”，打通落实政策“最后一公里”，只能是靠问责。“既追究主体责任、监督责任，又上查一级追究领导责任、党组织责任。要完善和规范责任追究工作，建立健全责任追究典型问题通报制度，把问责同其他监督方式结合起来，以问责常态化促进履职到位，促进党的纪律执行到位。”[①] 既追主体责任，又上查一级领导和组织责任。多层责任的追查，就可将压力很好传导下去。2015 年 9 月，河南新乡市委原书记李庆贵被免职，接着，中央纪委转发《中共河南省委关于新乡市委原书记李庆贵落实党风廉政建设主体责任和新乡市纪委落实监督责任不到位问题的通报》，后来《人民日报》等多家重量级媒体跟进报道，使李庆贵一时成为新闻热门人物。他之所成为热门人物，就在于该案件本身承载着一个重大的反腐风向标。他是因为在任书记期间，用人严重失察失误，对班子成员疏于教育管理和监督，面对不正之风不坚持原则，对腐败行为不敢斗争，对连续发生的 3 名厅级领导干部严重违纪违法案件负有主要领导责任。从此案件之后，坚持“一案双查”成为常态，而且越往后越严、处理越重。既追究主体责任，又追究领导和监督责任，这就贯通了责

① 习近平：《在第十八届中央纪律检查委员会第六次全体会议上的讲话》（2016 年 1 月 12 日），转引自《习近平关于严明党的政治纪律和政治规矩的一组论述》，中国共产党新闻网，2016 年 2 月 3 日。

任的传导线路。

必须层层压紧、上下互动。集中教育活动要搞好，必须批批接续、层层压紧、环环相扣。上面的问题需要下面配合解决的就上题下答，下面的问题根子在上面的就下题上答，需要地方和地方、地方和部门、部门和部门联合会诊的就同题共答，前后照应、左右衔接，使查摆和解决问题做到纵向到底、横向到边。实践证明，只有坚持问题导向，从细处入手，向实处着力，一环紧着一环拧，一锤接着一锤敲，才能积小胜为大胜。

2013 年 1 月至 2015 年 7 月，海南省统计局 16 个内设处室及直属事业单位先后通过虚构、虚增会议费等手段，套取财政资金共计 52 万余元存放于多家酒店，存在设立和使用“小金库”、使用公款支付个人消费等问题。符国瑄和唐海川知道此事后，没有认真履行监督职责，未及时采取措施加以纠正。2016 年 7 月，因落实主体责任和监督责任不力，海南省统计局党组书记、局长符国瑄受到党内严重警告、行政记大过处分，党组成员、副局长、纪检组组长唐海川也受到党内严重警告、行政记大过处分。① 中央纪委有关负责人指出，《中国共产党问责条例》自 2016 年 7 月颁布实施以来，中央巡视组对主体责任人和监督责任人进行了一案双查，对相关失职失责的领导进行了严肃问责。典型案例一律通报曝光，问责一个、警醒一片、促进一方工作。

---

① 《落实中央纪委公开曝光六起落实全面从严治党主体责任和监督责任不力被问责典型案例》，中央纪委监察部网站，2017 年 7 月 17 日。

同时我们也要看到，一些地方和部门仍然存在责任意识弱化、担当精神缺失、管党治党宽松等问题，这必须引起我们高度重视，切实加以解决。

第三章
坚持一张蓝图绘到底

“一个县里，规划几年一变，蓝图几年一画，干不成什么事。要有‘功成不必在我’的境界，一张好的蓝图，只要是科学的、切合实际的、符合人民愿望的，就要像接力赛一样，一棒一棒接着干下去。”[①]大到国，小到家，也都需要长远目标，并为目标而持久努力。没有艰难复杂的量的积累，是很难收获幸福美满的跃升。正如有首歌所唱的，“不经历风雨，怎么见彩虹，没有人能随随便便成功”。越是伟大的蓝图，越是需要坚持。

第一节　干事需要干劲，更需要韧劲

2016年3月8日，习近平总书记在参加十二届全国人大三次会议吉林代表团审议时强调：“要有坚持不懈的韧劲，一件接着一件办，不要贪多嚼不烂，不要狗熊掰棒子，眼大肚子小。要发扬钉钉子精神，

① 习近平：《做焦裕禄式的县委书记》（2015年1月12日），载《人民日报》2015年1月13日。

不能虎头蛇尾。我们要一诺千金，说到就要做到。”[①]这段话讲到了几个经典比喻，讲清了开展工作的几个重要方法和理念。

一、不要学狗熊掰棒子

狗熊掰棒子是老百姓熟知的谚语。说的是一只狗熊，想多掰些玉米棒子带回家。先是掰了一个玉米棒子，夹在左胳膊下。接着又掰下一个，夹在右胳膊下。然后再掰一个，还是往左胳膊下夹。狗熊胳膊略有弯曲，总是夹不住两个。每次新夹一个，前一个就掉了。狗熊却一味地往前走，一心想多掰些多带些。结果却是，左一个、右一个，一路掰来一路掉，到最后，胳膊下夹住的始终只有两根棒子。其实在现实生活中，很多人做工作常常也会出现这种状态。抓一件，丢一件，看似抓了不少工作，结果是件件都没完成，或是件件质量都不高，成效甚微。

自以为是要不得。看看五年来打下的大老虎们，他们都有一个惊人的相似之处，就是以为自己位高权重，权可倾国，没人可以动得了他。所以，他们才敢胆大妄为，无所不用其极。看看小贪们，他们也有这样的心态。他们认为自己只是不显眼的一根小草，墙上的砖头砸下来砸不到自己。或者认为自己做的事隐蔽，无人知晓。还有的认为，和自己合作做坏事的人，都是靠得住的哥们。但实际情况是，江湖义气

① 纪宇、袁勃：《习近平两会讲述的工作方法》，载《学习中国》2016 年 3 月 22 日。

并不靠谱，为利而来的“朋友”，利尽则散。据报道，原湖北省鄂州市梁子湖区人大常委会副主任詹东林，为了应对组织调查，他多方“取经”，研究对抗组织调查的“攻略”，经常在家进行各种“模拟训练”。以为如此，就可以无惧法纪，可以放手一搏。从心理的角度来看，自以为是的小聪明，是他们走向堕落的开始，恰恰也是他们走向失败的原因。

好大喜功造孽深重。这样的心理，其实在不少人身上都可以找到影子。特别是在贪官身上表现更为明显，自以为是加上好大喜功，就成了胡作非为。王怀忠任安徽阜阳市委书记期间，先是建安徽最大的国际机场，但是因为客源严重不足，运行不到一年就被迫关闭。接着他又要建亚洲最大的动物园，圈养千只老虎，万条鳄鱼，以“龙虎宴广揽天下食客”。这些看似伟大的宏图，最后都成了痴人说梦，代价却是透支了阜阳十年的财政。好大喜功的王怀忠，经常说的一句话就是：“数字报大点无关紧要，又不交税，数字能鼓舞干劲。”在劳民伤财方面，毫无底线，最后也因贪腐被判处极刑。然而，最让人感慨的是，王怀忠竟然是一个孤儿，贫苦的乡亲们把他拉扯大，共产党把他培养成人，一步步走上领导岗位。结果如养了一头忘恩负义的狼一样，长大后反害社会，祸害乡亲。

急于求成难成大事。急于求成容易乱，乱则有疏漏。在反腐的过程中，有的人认为查处贪官要速战速决，来一次轰轰烈烈的“大决战”，然后“适可而止”“见好就收”，追求“毕其功于一役”的状态。显然这种急于求成的心态，不利于反腐工作的深入展开。一方面，要让贪官们认罪伏法并不是一件简单的事情，要把事实弄清醒也不是短期内可以完成的。这些都需要时间来做保证，这是由反腐工作规律所决定的。另一方面反腐的目标不仅仅在于抓贪官，还在于织密制度的笼子。需要将反腐工作常态化、制度化、法治化。有破有立，治标又治本。还有一个方面是思想观念的变化需要时间。要使“不敢腐”变成“不能腐”，再变成“不想腐”，是一个漫长的过程。要像“治大国如烹小鲜”一般，有节奏有条理地稳步推进，这样才能充分“入味”，不留死角，全面深入地转变整个社会的政治生态。对于这种反腐常态，不少人从“观望”，慢慢变成“适应”，再慢慢变成“习惯”，最后变成“自觉”。实际上这也是一种移风易俗的过程，离开时间的保证是不可能实现的。

二、发扬钉钉子精神

2013 年 2 月 28 日，在十八届二中全会第二次全体会议上，习近平总书记首次对钉钉子精神进行了详细阐述：“我们要有钉钉子的精神，钉钉子往往不是一锤子就能钉好的，而是要一锤一锤接着敲，直到把钉子钉实钉牢，钉牢一颗再钉下一颗，不断钉下去，必然大有成效。如果东一榔头西一棒子，结果很可能是一颗钉子都钉不上、钉不牢。”[①] 关于钉钉子精神，在后续的公开讲话和文章中，习近平总书记提到次

① 纪宇、袁勃：《习近平两会讲述的工作方法》，载《学习中国》2016 年 3 月 22 日。

数多达十几次。突出强调的就是工作要有韧劲，保持力度，克服浮躁的毛病，善始善终，善做善成，使各项工作落到实处。

找准位置和方向。钉钉子，首先要找准位置和方向，不能乱钉。要有精准思维，突出重点，抓住要害和关键，找准穴位，打准靶子。目标方向搞清楚了，努力才更具效果。在反腐正风方面，习近平总书记强调要抓住领导干部这个“关键少数”，要通过“问责”来传导压力，牵动整个党内政治生态的转型。在经济建设方面，“一带一路”倡议、供给侧改革、“自贸区”、城市群、雄安新区等等一个一个重点勾勒出来，汇聚成经济建设的“中心地位”。在扶贫方面，他强调要精准扶贫，他指出：“扶贫开发贵在精准，重在精准，成败之举在于精准。各地都要在扶持对象精准、项目安排精准、资金使用精准、措施到户精准、因村派人（第一书记）精准、脱贫成效精准上想办法、出实招、见真效。要坚持因人因地施策，因贫困原因施策，因贫困类型施策，区别不同情况，做到对症下药、精准滴灌、靶向治疗，不搞大水漫灌、走马观花、大而化之。”[①] 如此精准，才能确保全面小康路上一个都不能少。习近平总书记强调的“牛鼻子”“穴位”“精准”等理念，都是找准位置和方向的另类表述。正是有了这个前提和条件，钉钉子的效果，才会更加明显。

保持韧劲和节奏。这是钉钉子精神的关键所在。首先要保持注意力集中。不能三心二意，不能大而化之，不能搞一刀切、一锅煮。一

① 纪宇、袁勃：《习近平两会讲述的工作方法》，载《学习中国》2016 年 3 月 22 日。

次就瞄准一个点，“伤其十指不如断其一指”。当初中共中央出台了“八项规定”，很多人都在观望，有的认为关于“反腐规定”，以前也有，而且很多，这一次估计也差不多。后来，随着一批批贪官的倒下，才知道这次是认真的。但还是有人认为，反腐是个老大难问题，不可能得到根本性转变，估计一阵风之后，就会恢复原样，甚至会出现反弹。只是没想到，反腐利剑出鞘后，根本就没有要收回的意思，而是越来越有力，越来越深入。以致整个政治生态都发生了根本性的变化。这场伟大的斗争之所以能取得如此实效，其背后就有钉钉子精神。按习近平总书记的话来说，就是用坚持不懈的韧劲，锲而不舍向前走，一件事情接着一件事情办，一年接着一年干，做到件件有着落、事事有回音，让群众看到变化、得到实惠。反腐正风是如此，其他工作也是如此。比如“一带一路”倡议，起初真正看好的国家和地区并不多。到后来，连美国日本都坐不住了。“一带一路”已经成为世界发展大潮流的代名词了。

坚持稳扎稳打。钉钉子，不仅要钉好每一个钉子，还要关照全局，使每个钉子连成一片，构成一个局，形成一种势。这就是稳扎稳打的目标和效果。五年来，以习近平同志为核心的党中央能够打造出一片“政治上的绿水青山”，一个关键原因就在于连续采取了一系列行动，稳扎稳打。其鲜明特点，一是抓住了一系列关键穴位，打通了风气建设“任督二脉”；二是坚持从中央做起，坚持领导带头、以上率下，纲举目张。三是不搞形式、不放空炮，见事见人，既抓思想引导又抓行为规范。三是强化组织管理和群众监督，上下互动，形成强大势场。

四是严肃查处和曝光典型案件，形成高压态势，形成权责相应的观念。五是驰而不息，保持小步快跑的节奏，一环扣一环抓，持续用力，形成长效机制，治标向治本过渡。一系列的行动，稳扎稳打，逐步造就了一片惊艳世界的绿色政治环境。

三、政贵有恒，久久为功

为政切忌朝令夕改。习近平指出："我们要牢记一个道理，政贵有恒。为官一方，为政一时，当然要大胆开展工作、锐意进取，同时也要保持工作的稳定性和连续性。"中国共产党是最高纲领和最低纲领的统一论者，既注重长远的奋斗目标，又注重短期目标，两者互相支撑。我们党制定的"三步走"发展战略，"两个一百年"奋斗目标，"两个阶段"发展战略，又有五年一次的发展规划，使得整个国家都有一个明确的预期，都能朝着一个稳定的方向，不断往前发展。我国之所以多年来，一直是吸引外资最多的国家之一，就在于我国的发展环境非常稳定。稳定是发展的前提条件，这也正是国际资本之所以看重中国的根本原因。最大的不稳定是战乱，战乱一起，资本必然心慌。2017 年 7 月，伊拉克总理宣布从极端组织手中完全收复了摩苏尔这座伊拉克第二大城市。这座城市曾是伊拉克一颗闪烁的明星，然而被长年的战乱，特别是被极端分子统治三年之后，已经从天堂变成了地狱，一片废墟。美国发动这场战争的原因之一，是想把战乱作为控制国际资本走向的战略手段。最纠结的不稳定是前后矛盾，"政治失信"是某种程度的“治理失败”。美国特朗普上台后，从医保法案到修美墨围墙再到撕毁气候协定，尽可能地消除前任总统的政治成果。使美国的国际形象大打折扣，以至在德国召开的G20会议中，领导人合影时，特朗普被安排在一个边上位置。显然与美国的大国地位极不相称。这种朝令夕改，也将加速美国国内两派政治势力的分裂，再强的实力也经不起如此折腾，必然透支美国的国运。

要善于积小胜为大胜。拿破仑说，不想当将军的士兵不是好士兵。说的是每个人都需要有崇高的理想和奋斗目标，这也是成功人士共有的特点。作为新时代的党员干部，想干一番事业，这是必须要有的。但是，再伟大的事业，也是由一件件平凡小事构成的；再伟大的人生，也是由一个个平凡生活开始的。平凡与伟大之间的距离，只差一个“恒”字。有恒心，可以化腐朽为神奇，缺恒心，则可化伟大为平庸。这就需要我们脚踏实地，一步步往前走。怀抱梦想，不忘初心，用激情做好眼前的一件件小事。切不可空喊口号，制定好高骛远的目标。更不可为了树立个人形象，搞华而不实、劳民伤财的“形象工程”“政绩工程”。要心中有民，唯民是瞻，“民之所好好之，民之所恶恶之”。只要是为民，方向就不会错；只要肯努力，定会有收获。如此，便可积小胜为大胜。正如习近平总书记所指出的：“不能希冀立万事之功、不世之功，更不可希望做前无古人、后无来者的伟业。以平常心、踏实成事才是本。”[①]

---

① 纪宇、袁勃：《习近平两会讲述的工作方法》，载《学习中国》2016年3月22日。

第二节　干事需要动力，更需要定力

在党的十九大报告中，习近平总书记强调："站立在九百六十多万平方公里的广袤土地上，吸吮着五千多年中华民族漫长奋斗积累的文化养分，拥有十三亿多中国人民聚合的磅礴之力，我们走中国特色社会主义道路，具有无比广阔的时代舞台，具有无比深厚的历史底蕴，具有无比强大的前进定力。"这段话，他已经强调过很多次了。"具有无比强大的前进定力"，这是中国及中国共产党成长发展的战略优势。

一、强烈的文化自信

党的十九大报告指出，"文化是一个国家、一个民族的灵魂。文化兴国运兴，文化强民族强。""文化自信是一个国家、一个民族发展中更基本、更深沉、更持久的力量。""没有高度的文化自信，没有文化的繁荣兴盛，就没有中华民族伟大复兴。"之前，习近平总书记还强调过，"历史和现实都表明，一个抛弃了或者背叛了自己历史文化的民族，不仅不可能发展起来，而且很可能上演一场历史悲剧。"[①] 文化是一个国家的灵魂、一个民族的根、一个社会的集体意识。文化的功用，大可安邦定国，小可安身立命。

我们的文化自信来源于千年历史的辉煌。自人类轴心时代起，中国和其他几大文明古国一起，迈进了文明智慧的营地。其他几个文明

① 习近平：《在哲学社会科学工作座谈会上的讲话》(2016年5月17日)，载《人民日报》2016年5月18日。

都相继淹没于历史的洪流之中，如巴比伦文明、埃及文明、希腊罗马文明，或是遇到外力的打击，或是自己腐化，逐渐衰退、消亡了。能够经受得起历史的考验，自然就能说明其有着过人之处。比如我们的文字，自从秦始皇统一文字之后，我们一直沿袭着使用它。今天，大凡受过一点教育的普通人，都可以看懂两千年前的古籍经典，甚至远古时的甲骨文也能连蒙带猜的辨认出几个字来。这在英语国家是不可能的。英语国家许多人现在看莎士比亚时期的东西都看不懂。为什么呢？因为他们是记音的，音会不停地变，一变就看不懂了。而我们的文字是表意的，以象形为主的文字，字画同源，稍微一教就能知道。在现代科技日新月异的条件下，相同的内容，用汉字表达是最简练的。汉字的创新能力、涵摄能力相当的强。而且，我们的历史常常浓缩成几千个名言警句之类的形态，存在于我们日常生活之中，滋润着我们每一个中国人。

我们的文化自信来源于对苦难的斗争。从我们的远古神话开始，《精卫填海》《夸父追日》《大禹治水》等都是讲人与大自然的战斗。在我们文化的深处，不相信有外在的力量来改变命运，自己的命运始终掌握在自己的手中。2014 年，金庸在北大演讲时说，“在我国历史上遭受外族侵略的危险时期有七个：第一是西周末年到春秋战国时期东西南北受到的外族进攻；第二是秦汉时期匈奴的进攻，时间长达四百年之久；第三是魏晋时鲜卑等五胡的进犯，时间也有四百年；第四是隋唐时期突厥和吐蕃的侵犯，时间约三百年；第五是五代、南北宋时期契丹、女真及西夏的侵犯，时间大概也是四百年；第六是元、明、清时期蒙古、满族的侵犯；第七是近代西方帝国主义和日本帝国主义的侵略。”[①]特别是近代在西方文明的强势冲击之下，中国遭受了历史以来最为深重的灾难。“中华民族到了最危险的时候”，是一种毫不夸张的描述。尽管如此，中国人也从未真正屈服，一直在奋斗，一直在自强。“疾风知劲草，板荡识诚臣。”只有在困难之中，才能更好地看清楚一个人或一个民族的生命力。越是困难，挑战越是大，越能看出其生命力。回顾中华民族经历的苦难，就可以发现苦难越是深重，激发出的潜能越是强大，所创造的辉煌就越是耀眼。在天人和谐之中，一直就包涵着人定胜天的自信，也包含着逆天改命的执着。这种由苦难积累而成的自信，面对现实与未来挑战自然就会变成深厚的自信与定力。

我们的文化自信来源于中国特色社会主义文化。党的十九大报告指出，“中国特色社会主义文化，源自于中华民族5000多年文明历史所孕育的中华优秀传统文化，熔铸于党领导人民在革命、建设、改革中创造的革命文化和社会主义先进文化，植根于中国特色社会主义伟大实践。”中国特色社会主义文化最集中的载体是中国共产党。在民族危亡之际，中国共产党自觉担起救亡图存的责任。中国共产党人是中华文化养育出来的，是马克思主义思想滋养出来的，是具有世界眼光吸纳世界先进思想成长起来的一群民族精英。说到“中国共产党”，周恩来曾说，他首先是中国人，然后才是共产党。马克思作为公认的人类千年思想家，其学说不仅是西方思想的集大成，更是创造了人类

① 《金庸在北大演讲》，80后励志网，2014年10月13日。

思想的一座高峰。可以说，中国共产党本身是中华文明在与外来文明激烈交锋中孕育出来的。或者说，站在中华文明和马克思主义思想的巨型肩膀上，中国共产党从一开始就具有了无比宽广的视野和情怀，无比厚实的智慧和潜力。中国共产党的成立，给中国革命带来了新的气象，给中国命运带来了新的转机。在面对世所罕见的“三座大山”时，勇往直前，不断地探索，终于杀出了一条血路，走了一条通往成功复兴的大道。中国道路是中国特色社会主义文化的实践基础。这条中国特色的发展路径，在大浪淘沙中，没用的都冲走了，留下的都是管用的精华。正如习近平总书记强调的，“这条道路来之不易，它是在改革开放 30 多年的伟大实践中走出来的，是在中华人民共和国成立 60 多年的持续探索中走出来的，是在对近代以来 170 多年中华民族发展历程的深刻总结中走出来的，是在对中华民族 5000 多年悠久文明的传承中走出来的，具有深厚的历史渊源和广泛的现实基础。”中国共产党及其领导下发展出来的中国特色社会文化是中华文明现代转型的成果，也是中华传统文化极为耀眼的结晶和载体。正如习近平总书记在党的十九大报告中所强调的，“中国共产党从成立之日起，既是中国先进文化的积极引领者和践行者，又是中华优秀传统文化的忠实传承者和弘扬者。当代中国共产党人和中国人民应该而且一定能够担负起新的文化使命，在实践创造中进行文化创造，在历史进步中实现文化进步！”

二、不忘初心，牢记使命

党的十九大报告指出：“不忘初心，方得始终。中国共产党人的初心和使命，就是为中国人民谋幸福，为中华民族谋复兴。这个初心和使命是激励中国共产党人不断前进的根本动力。”纵贯初终，不忘初心，牢记使命，逐梦前行，善做善成，就是一种定力。我们党的奋斗目标，是中华文明发展的自然延续，是人类未来命运走向的积极探索，是属于世界的正义事业。而且我们的发展道路，是无数的事实证明了的科学道路，是亿万民众衷心拥护的发展道路，和平、正义、人民是他的三大特征。诺贝尔经济学奖获得者罗纳德·科斯曾说：“我是一个出生于是 1910 年的老人，经历过两次世界大战和许多事情，深知中国前途远大，深知中国的奋斗就是全人类的奋斗！中国的经验对全人类非常重要！”所以，“实现我们确立的奋斗目标，我们既要有‘乱云飞渡仍从容’的战略定力，又要有‘不到长城非好汉’的进取精神。”

中华民族复兴的历史正义。中国人渴望的中国复兴，不仅是因为中国历史上创造了耀眼的辉煌，也不仅是因为中国在近代发展中遭受了无尽的苦难，一个更大的原因，在于世界对中国的不公平还在延续。日本在近代对中国欠下了累累血债，到今天还不愿认错，还在处心积虑地找中国麻烦。中国不想去欺负人，只是不想被人欺负；中国不想称霸，想要和平发展。然而，中国加入西方主导的世界贸易组织，靠着自身的努力，忍受着西方资本的多重不公待遇，不断地提升了自己的地位，按条约规定满十五年就应获得市场经济地位。然而，2016年西方世界却集体耍无赖，拒不承认。正如，前几年网上流传的一首长诗所说，“你到底要我怎么做，你才能满意。”然而，现实就是，不管中国如何做，西方都不会满意，也不会真心接纳中国。除非中国足够强大，除非中国够得上与他们平起平坐，甚至是高于他们。正如技术的发展，中国技术发展的环境比世界上任何国家的环境都要差，因为以美国为首的西方制定了详尽且严格的技术封锁协议，而且还不断对中国进行技术欺骗和技术讹诈，企图阻断中国的技术发展。然而，中国人并没有被压倒，反而激发出了前所未有的潜力。从航空母舰，到歼20五代战机服役；从大飞机起飞，到涡扇15峨眉发动机问世；从超级雷达诞生，到全电推进技术成功应用等等，中国军备爆发的速度令世界震惊。超算、天眼、风洞、量子、无人机等技术的发展，又是震惊世界。高铁、支付宝、共享单车、网购，被外国人称为中国新的“四大发明”，让世界羡慕嫉妒恨。更令人震惊的是，2017年中国先后出台技术、装备出口禁令。我们终于积攒出了与西方平起平坐的强大底气。中华民族的复兴是正义的，因而具有无限潜力。中华民族复兴是成功的，因而具有无比的前进定力。

正如习近平总书记所强调的，“尤其是鸦片战争之后，中华民族更是陷入积贫积弱、任人宰割的悲惨状况。这段历史悲剧决不能重演！建设富强民主文明和谐的社会主义现代化国家，是我们的目标，也是我们的责任，是我们对中华民族的责任，对前人的责任，对后人的责任。我们要保持战略定力和坚定信念，坚定不移走自己的路，朝着自己的目标前进。”坚定的信念本身就是一种战略定力，战略定力本身也是一种坚定信念。

共同富裕的发展正义。消除贫困，实现共同富裕，自古以来就是人类梦寐以求的理想，也是各国人民追求幸福生活的基本权利，还是各国发展正义的基本尺度。贫困不仅给人类造成了诸多苦难和悲剧，更是世界动荡及极端势力发展的温床。对于广大发展中国家来说，消除贫困始终是国家发展面临的重要任务。2000 年 9 月，在美国纽约召开的联合国千年首脑会议上，各国领导人通过了以减贫为首要目标的千年发展计划。自那时起，各国为实现千年发展目标采取统一协调行动，进行了不懈的努力。

世界银行数据显示，1981 年至 2015 年，中国累计减少贫困人口 7.28 亿，而同期世界其他地区脱贫人口仅有 1.52 亿。中国一直是国际上减贫事业的中坚力量。按照全面建成小康社会的目标，未来 5 年，中国现有标准下 7000 多万贫困人口全部脱贫。在全面实现小康的路上，不允许一个人掉队。2016 年，中国农村贫困人口减少 1240 万，易地扶贫搬迁人口超过 240 万。十八大之后的五年里，总共有 5564 万人摆脱贫困，相当于一个中等国家的人口总数。这五年里，平均每三秒，就有一人跨过贫困线；世界每脱贫 10 个人，其中就有 7 个是中国人……减贫的成绩非常巨大。按此发展进度，2020 年全国 830 个贫困县将全部脱贫摘帽，最后 4335 万贫困人口将全部脱贫。世界银行行长金墉认为，自上世纪 90 年代以来，中国成功解决了 8 亿人的贫困问题，这是人类历史上最伟大的故事之一。十几亿人口的大国，全部实现脱贫，这必将是彪炳史册的世界大事。这正是社会主义道路的初心，也是社会主义的威力所在，更是中国特色社会主义的魅力所在。

“中国在改善民生方面的经验，特别是制定战略规划、推动经济改革、落实发展目标等方面的经验，对于全世界的发展中国家而言，都具有非常重要的借鉴意义。”埃季尔·奥斯蒙别托夫说，“中国的经济增长模式已经成为发展中国家效仿的样板和追求的目标。”目前，越来越多的国家对中国减贫经验感兴趣。中国在减贫的路上，也从未忘记帮助广大发展中国家发展减贫事业。“60 多年来，中国共向 166 个国家和国际组织提供了近 4000 亿元人民币援助，派遣 60 多万援助人员，其中 700 多名中国好儿女为他国发展献出了宝贵生命。”建设一个繁荣富强的中国，离不开繁荣稳定的世界。“环球同此凉热”，是中国人的担当，更是中国特色社会主义的本质要求。消灭贫困，实现共同富裕，是正义的事业，是必须坚持的事业。这也是我们无比强大的前进定力的重要源泉。

命运共同体的世界正义。在 2015 减贫与发展论坛上习近平发表主旨演讲强调：“未来 15 年，对中国和其他发展中国家都是发展的关键时期。我们要凝聚共识、同舟共济、攻坚克难，致力于合作共赢，推动建设人类命运共同体，为各国人民带来更多福祉。”关于人类命运共同体的概念，五年来，习近平总书记在各个场合谈它已经不下百次。他认为，当今世界，随着商品、资金、信息、人才的高度流动，已经变成了一个“地球村”。在村里，国家无论大小，无论远近，无论贫富，正日益形成一个利益交融、安危与共的利益共同体和命运共同体。在这样的世界里，和平、发展、合作、共赢是主旋律，冷战思维、阵营对抗已不符合时代要求。

“万物并育而不相害，道并行而不相悖”，这是中国人对世界的理解和看法。“各美其美，美人之美，美美与共，天下大同。”是中国人的价值追求和奋斗目标。环顾世界，经济复苏进程曲折，国际热点和地区冲突此起彼伏，霸权主义和恐怖主义相互交织，网络安全、气候变化、重大传染性疾病等全球性挑战仍然很严峻。而且随着全球一体化趋势的发展，这些挑战也是全球化的，没有任何一个国家可以独善其身。共倡开放包容共促和平发展，共建人类命运共同体，这是时代的发展趋势，是世界人民共同追求的目标。

以美国为首的西方国家，抱着冷战思维不放，被霸权主义的短期利益蒙蔽了良心，企图延续一家独大、全球通吃的局面。为了实现其称霸全球的目标，不惜以乱治世，在世界范围内制造混乱。美国特朗普提出的“美国优先”战略，谋求所谓“绝对安全”，到处要流氓，吃拿卡要，“吃相”越来越难看。甚至有些国家明里暗里，想方设法破坏中国提出的“一带一路”倡议。世界发展道路的较量，自然就变成了正义与非正义的世界命运之争。随着信息技术的发展，不仅降低了全球技术创新的门槛，打破了西方垄断与封锁的局面，也降低了世界对美元纸币的依赖性，削弱了美元金融霸权的威力，更重要的是，非西方世界的整体崛起，大大增强了美国独霸世界的难度。特别是有一个日益强大的中国，还有一系列独具魅力的“中国方案”，人类命运共同体的建设正独具魅力。

总而言之，作为一名党员干部，要坚持中国特色社会主义的“四个自信”，特别是文化自信。坚信我们所从事的事业是人民的事业，是正义的事业，是和平的事业，是符合世界大潮的事业。在这些自信中，明了自己身上的使命和责任，坚定自身前进的定力。

三、以不变应万变

“风云变幻，最需要的是战略定力；竞争激烈，最重要的是激流勇进；迎接挑战，最根本的是改革创新。”[①] 中华文化与西方文化相比，我们是讲究静和定的文化。静和定，是世界运动的常态，是事物发展的本质属性。《大学》中有“知止而后有定，定而后能静，静而后能安，安而后能虑，虑而后能得。物有本末，事有终始，知所先后，则近道矣。”儒释道都有定和静的要求，文化涵养深的人，看起来都是气定神闲的，做人做事都会表现得从容淡定，定力十足。作为此类文化的集中载体的中华民族，自然也有这种特征。美国学者罗斯·特里尔主编的《习近平复兴中国》一书中写道：“在当下详细描绘 30 多年后中国的文化样貌形态，显然非常困难。但从中国传统文化经典中可以看出，近 3000 年来中国人的内心世界波动并不大，中国文化的内省能力和适应能力，可以让中国在极为剧烈的社会变迁面前，也能保持岿然不动。”这就是一种文化特性的战略定力。或者说，我们的战略定力，是我们

① 习近平：《在全国政协新年茶话会上的讲话》（2013 年 12 月 31 日），载《人民日报》2014 年 1 月 1 日。

文化的优势，是我们应对现代变局的思想武器。

打铁还需自身硬。办好中国的事情，关键在党。治党的关键在从严。只要党抓好了，不管世情党情如何变化，中国都会立于不败之地。全面从严治党，就可以不变应万变。五年之前，国内外不少专家，都认为中国再不抓紧反腐，以后就很难再有机会反腐了。历史上“反则亡党，不反则亡国”的悖论，像历史幽灵一样来到了新中国的上空。一旦治党失败，治国也会失败，接着中国不可避免地要演变成西方所说的“失败国家”和一个无奈的社会。党的十八大以后，党中央以雷霆万钧之势迅速拉开反腐大幕。一方面开展大规模的“打虎”“拍蝇”“猎狐”行动，不断减少腐败存量。另一方面，立规矩，从运动反腐到制度反腐，强化遏制腐败增量。一个治标，一个治本，两剂猛药下来，顿时让人感到风清气正、信心倍增。党的执行力得到了很好的考验和提升，党的威信得到了很好的重塑和跃升。

2016年1月12日，在第十八届中央纪律检查委员会第六次全体会议上，习近平总书记对反腐工作进行了总结：“3年来，我们着力解决管党治党失之于宽、失之于松、失之于软的问题，使不敢腐的震慑作用充分发挥，不能腐、不想腐的效应初步显现，反腐败斗争压倒性态势正在形成。”[①]这个压倒性态势来之不易。2012年，当我们打响反腐第一枪时，多数人还是持观望和怀疑的态度。2013年，“塌方式腐败”触目惊心，大案、窝案频发，反腐败形势依然严峻复杂。2014年，

① 习近平：《在第十八届中央纪律检查委员会第六次全体会议上的讲话》（2016年1月12日），转引自《习近平关于严明党的政治纪律和政治规矩的一组论述》，中国共产党新闻网，2016年2月3日。

打了一批"老虎"、灭了一群"苍蝇"，"不敢腐"初见成效，但是"不能腐""不想腐"的机制还不够完善。2015年开启"猎狐"行动，给了腐败分子一个巨大震慑。依然是"猛药去疴的决心不减、刮骨疗毒的勇气不泄"。2016年10月，十八届六中全会召开，通过《关于新形势下党内政治生活的若干准则》和《中国共产党党内监督条例》，制度反腐开始成为主导，治标取得标志性进步。到党的十九大召开时，"不敢腐的目标初步实现，不能腐的笼子越扎越牢，不想腐的堤坝正在构筑，反腐败斗争压倒性态势已经形成并巩固发展。"

治国必先治党，党强则国必强。党强大了，中国的发展就有了主心骨，中国发展就有了强大的定力。党员干部要自觉顺应时代大势，把自己有限的生命，融入无限的伟大工程中。

第三节　把改革蓝图一步步变为现实

2015年1月，习近平总书记在同中央党校第一期县委书记研修班学员进行座谈时强调，"要有'功成不必在我'的境界，一张好的蓝图，只要是科学的、切合实际的、符合人民愿望的，就要像接力赛一样，一棒一棒接着干下去。"[①] 大凡伟大的事业，都不是一蹴而就的，也常常不是一个人能完成的。这就需要一群人，像参加接力赛一样，为实现一张蓝图，前赴后继，奋发有为。

---

① 习近平：《做焦裕禄式的县委书记》（2015年1月12日），载《人民日报》2015年1月13日。

一、为官要奋发有为

“事业成功的原因很多，奋发有为是主要因素。”特别是我们党的伟大事业，需要每一个党员干部奋发有为。“我经常提到五六十年代福建东山县县委书记谷文昌，他一心一意为老百姓办事，当地老百姓逢年过节是‘先祭谷公，后拜祖宗’。”[①]

谷文昌，1915 年 10 月生，河南省林州市人，小时曾逃荒求乞，当过长工。后来参军入伍，参加过抗日战争和解放战争，参加过解放福建的战斗，立下了卓越战功。1950 年 5 月 12 日，东山解放，谷文昌任中共东山县第一区工委书记，后任县委书记。东山县是全国第六、全省第二大海岛县，总面积 248.34 平方公里。这里地理环境比较恶劣，百姓生活非常辛苦。虽然靠近海边，但却常受干旱之苦，还受风沙之苦。

1958 年春，他领导县委向全县发出号召：“上战秃头山，下战飞沙滩，绿化全海岛，建设新东山！”一场轰轰烈烈的造林运动在东县拉开序幕，全县党政军民、男女老少齐上阵，数天时间栽下 20 万株木麻黄树。至 1964 年造林 8.2 万亩，全县 400 多座小山丘和 3 万多亩荒沙滩基本绿化，141 公里的海岸线筑起“绿色长城”。接着，为使东山旱情缓解，谷文昌发动群众挖塘打井、修筑水库、开发利用地下水资源。这几大工程，极大地解决了群众生产生活的难题。

1981 年，谷文昌在漳州病逝。1987 年 7 月，他的骨灰安葬在东山

---

① 习近平：《做焦裕禄式的县委书记》（2015 年 1 月 12 日），载《人民日报》2015 年 1 月 13 日。

县赤山林场，并在茫茫林海中树起一座“谷文昌同志万古长青”的丰碑。1990年，全县党员、干部、职工、学生三四万人捐资，为谷文昌建造了一座半身雕像，时任省委书记的陈光毅题写了“绿色丰碑”四个大字。回乡探亲的海外同胞，目睹了故乡的沧桑巨变，不由感叹：“共产党真了不起，把人间荒岛变成了人间乐园。丰功伟绩，足以雄视百代。”

谷文昌经常说的一句话是：一个人活着要有伟大的理想，要为人民做好事，为人民奋斗终生。最让百姓感念的是1958年他被调为二把手，“文革”期间他遭受残酷批斗，全家被下放到三明地区宁化县禾口公社红旗大队当社员。但是，他始终把自己的厄运置之度外，毫无怨言，一如既往地工作，千方百计帮助生产队发展生产，使红旗大队亩产跃上千斤。群众看着黄澄澄金灿灿的稻谷满囤满仓，把谷文昌亲切地称为“谷满仓”。

“当官不为民作主，不如回家卖红薯。”如果党员干部为官不为，不思进取，抱着“当一天和尚撞一天钟”的心态，只要不出事，宁愿不做事，满足于做四平八稳的“太平官”，那么，将会是党的事业的害虫，终究会被人民群众扫进历史的垃圾堆。作为新时期的党员干部，更应该向谷文昌学习，“面对工作难题，要有明知山有虎、偏向虎山行的劲头，积极寻找克服困难的具体对策，豁得出来、顶得上去，真正成为带领人民群众战风险、渡难关的主心骨。”[①]

① 习近平：《做焦裕禄式的县委书记》（2015年1月12日），载《人民日报》2015年1月13日。

二、将改革进行到底

开弓没有回头箭。“2014年，我们将推进全面深化改革。35年前的这个月，中共十一届三中全会胜利闭幕，开启了波澜壮阔的伟大改革。中共十八届三中全会吹响了全面深化改革新的号角。开弓没有回头箭，我们要坚定不移实现改革目标。”[①]1978年开启的那次改革，直接把中国从“文革”后濒临崩溃的边缘快速地拉到了世界第二大经济体的宝座上。当复兴目标比历史上任何时候都要近的时候，我们也面临着很多复杂艰巨的挑战，经济、社会、政治、军事、文化等诸多方面正处于量变到质变的关键期。中国来到一个历史性的十字路口，要么通过改革开创出一条大道，要么陷入各种陷阱，停滞不进甚至进入衰退。如何实现国家社会现代治理的最后关键一跃，是新形势赋予我们党的时代使命。历史也给我们提供了难得的窗口，一旦错过将很难再有。改革，是这些年来留下来的最大红利。2012年12月7日，就任中共中央总书记还不到一个月，习近平就开始了第一次考察调研，从深圳到珠海，再从佛山到广州，历时五天。这是一条邓小平在1992年“南方视察”时走过的路。此行的意义，正如习近平总书记宣示的：“之所以到广东来，就是要在我国改革开放中得风气之先的地方，现场回顾我国改革的历史进程，宣示将改革开放继续推向前进的坚定决心”，“改革不停顿，开放不止步！”[②]只有把改革进行到底，把改革当作

① 习近平：《在全国政协新年茶话会上的讲话》（2013年12月31日），载《人民日报》2014年1月1日。

② 王占阳：《中国正在迎来改革开放的新春天》，人民网·人民论坛，2012年12月27日。

新常态，才能实现中华民族复兴的中国梦。

改革开放是决定当代中国命运的关键一招。在广东考察的行程中，习近平总书记反复强调："改革开放是我们党的历史上一次伟大觉醒，正是这个伟大觉醒孕育了新时代从理论到实践的伟大创造。实践证明，改革开放是当代中国发展进步的活力之源，是我们党和人民大踏步赶上时代前进步伐的重要法宝，是坚持和发展中国特色社会主义的必由之路。"这是对于改革开放的深刻认识和高度评价，也是深化改革开放的全国动员令。接着他又强调，"改革开放是决定当代中国命运的关键一招，也是决定实现'两个一百年'奋斗目标、实现中华民族伟大复兴的关键一招。实践发展永无止境，解放思想永无止境，改革开放也永无止境，停顿和倒退没有出路。"[①]

改革一词，在中国人的历史文化意识里并不陌生，从春秋战国时期的变法运动、商鞅变法与秦国的强盛，到北魏孝文帝改革与民族融合、北宋王安石变法，再到忽必烈改制、张居正改革等，改革总是与国家强大紧密相连。唯有改革，才能化解矛盾，走向至善。正如《大学》的教诲："苟日新，日日新，又日新"，日新其德，止于至善。

将改革进行到底。2017年7月17日至26日每晚8点，大型政论专题片《将改革进行到底》，在央视综合频道（CCTV-1）首播，每天一集，连播10天。全片共分十集，分别为《时代之问》《引领经济发展新常态》《人民民主新境界》《维护社会公平正义》《延续中

---

① 王占阳：《中国正在迎来改革开放的新春天》，人民网·人民论坛，2012年12月27日。

华文脉》《守住绿水青山》《强军之路（上、下）》《党的自我革新》《人民的获得感》。这部纪录片，围绕“完善和发展中国特色社会主义制度，推进国家治理体系和治理能力现代化”这一总目标，集中反映近年来全面深化改革各主要领域具有“四梁八柱”性质的改革主体框架已基本确立的过程，描绘了一幅宏伟蓝图。《将改革进行到底》突出反映了五年来以习近平同志为核心的党中央以强烈的历史使命感，高瞻远瞩、直面难题、勇于担当，统筹推进“五位一体”总体布局、协调推进“四个全面”战略布局，带领全体中国人民，攻坚克难，砥砺奋进，开启并扎实推进全面深化改革的伟大实践、非凡历程。其实，在该政论片出来之前，全国老百姓已经从多个层面多个角度对中国的改革，有着深切的体会。不少网民评价说：“改革决心之大，力度之强，涉及面之广，措施之实，为几十年来所未有。”2017 年 10 月 13 日，美国侨报网刊文称，五年来，习近平总书记提出了一系列的新理念、新思想、新战略，带领中国全面深化改革，成为在复杂表象中把准改革脉搏的领导人。2017 年 8 月 13 日，新加坡《联合早报》说，中国的改革幅度和力度“超预期”，“让国内外大吃一惊”。对于中国的改革计划，海外舆论大都经历了从怀疑到惊叹的过程。

三、功成不必在我

一张蓝图干到底。习近平总书记在党的十九大报告中指出，“保障和改善民生要抓住人民最关心最直接最现实的利益问题，既尽力而为，又量力而行，一件事情接着一件事情办，一年接着一年干。”只有这样，才能使人民拥有持续充实的获得感、幸福感和安全感。右玉县地处山西的西北角，外接毛乌素沙漠和内蒙古大草原。因生态建设成绩卓著，2010 年曾被授予“联合国最佳宜居生态县”。历史上，右玉县却长期被称为“不毛之地”。山是秃的，到处都是沙子，白天风沙起时在屋里都要点上油灯。中华人民共和国成立时，右玉县仅有残次林 8000 亩，森林覆盖率为 0.3%，沙化面积达 225 万亩，占全县总面积的 76.4%。针对严峻的生存环境，右玉县第一任县委书记就打出了植树造林的旗帜，明确提出，右玉要想富就得多栽树。而后，先后近二十任书记，历时 70 年，始终围绕植树致富的蓝图，持续地奋斗。右玉县的树越栽越多，到 2015 年，该县森林覆盖率已经达到 53%，是中国平均水平的 2.5 倍，创造了山西乃至中国的生态奇迹。“不毛之地”变成了“塞上绿洲”。改天换地后的右玉县，先后获得“中国魅力小城”“联合国最佳宜居生态县”“最值得向世界推荐的旅游县”等称号，从 2014 年开始，右玉县又连续 3 年入围“中国深呼吸小城百佳榜”。截至 2015 年，右玉县已经连续 6 年旅游接待突破 100 万人次，旅游业总收入突破 100 亿元。

功成不必在我。右玉县的成功经验，受到了党和国家的高度重视。纪录片《右玉的县委书记们》在央视等电视台进行了播放，影响非常大。习近平总书记对右玉县的经验非常重视，在同中央党校第一期县委书记研修班学员进行座谈时强调，要像右玉县那样，围绕一张蓝图，持之以恒，一代接着一代干。为政要锐意进取，同时也要保持工作的稳定性和连续性。为官要像右玉县的书记们一样，树立正确的政绩观，要有“功成不必在我”的精神，干出来的实绩，广大干部群众都会看在眼里、记在心里。千万不能“一朝天子一朝臣”，新来领导就将前任的工作彻底推倒重来，那样会造成极大的资源浪费。也千万不能为了追求所谓的“政绩”，空洞的新口号满天飞，新规划一打一打的。当然，每一届领导都会面临不同的形势和条件，关键“在于结合新的实际，用新的思路、新的举措，脚踏实地把既定的科学目标、好的工作蓝图变为现实。”[①]

全面深化改革是一项伟大而又艰巨的任务，不可能毕其功于一役，我们要在全面深化改革的进程中，不断研究新情况、解决新问题，以强大的战略定力和耐性，埋头苦干，只问付出，不问收获。我们要像前辈们干革命一样，不怕死不怕苦，以压倒一切困难的勇气和胆识，完成这次自我革新，自我涅槃。

① 习近平：《做焦裕禄式的县委书记》（2015 年 1 月 12 日），载《人民日报》2015 年 1 月 13 日。

第四章
把群众工作做实做深做细做透

党的十九大报告强调，要“把党的群众路线贯彻到治国理政全部活动之中，把人民对美好生活的向往作为奋斗目标，依靠人民创造历史伟业”。把群众路线作为治国的基本方法和理念，上升至国家战略层面。关于群众路线，早在2012年，习近平总书记就曾强调，“我们要坚持党的群众路线，坚持人民主体地位，时刻把群众安危冷暖放在心上，及时准确了解群众所思、所盼、所忧、所急，把群众工作做实、做深、做细、做透。”[①]“做实做深做细做透”是新时代我们践行群众路线的新方法和新标准。通过把群众工作做实做深做细做透，把人民群众的利益维护好、实现好、发展好，让人民群众时时刻刻感受到党和政府的关怀，让人民群众有更多的获得感。

① 习近平：《全面贯彻落实党的十八大精神要突出抓好六个方面工作》（2012年11月15日），载《求是》2013年第1期。

第一节　把群众工作做实，脚踏实地、求真务实、真抓实干

“我们要牢记全心全意为人民服务的根本宗旨，认真组织开展以为民务实清廉为主要内容的党的群众路线教育实践活动，始终保持同人民群众的血肉联系，牢固树立正确政绩观，多做打基础、利长远的事，不搞脱离实际的盲目攀比，不搞劳民伤财的‘形象工程’、‘政绩工程’，坚决反对形式主义、官僚主义。”[①] 习近平总书记的这段话告诉我们，要把群众工作做实，必须端正态度，增强本领，多做打基础、利长远的事。

一、领导干部对群众须有敬畏之心

“敬畏之心”是人类的一种高级情感。孔子说：“君子有三畏：畏天命，畏大人，畏圣人之言。”意思是说，君子要有三种敬畏：敬畏天命，敬畏尊长，敬畏圣人的教导。“君子三畏”主要是对道德的敬畏。还有“离地三尺有神明”，则是对天地神灵的敬畏。还有对祖宗、对英雄的敬畏。这些敬畏，构成了中国人内心深处的神圣感，或者说是中国人精神信仰的构成因子。

人的情感是相通的，“敬畏之心”是人类共有的基础性情感。康德的墓碑上刻有这样一段名言：“有两种东西，我对它们的思考越是

① 习近平：《在党的十八届一中全会上的讲话》（2012年11月15日），转引自《经典语录：习近平论群众路线》，党建网，2013年7月11日。

深沉和持久，它们在我心灵中唤起的惊奇和敬畏就会日新月异，不断增长，这就是我头上的星空与心中的道德定律。”“非洲圣人”艾伯特·史怀哲说：“只有我们拥有对于生命的敬畏之心时，世界才会在我们面前呈现出它的无限生机。”一个人只有常怀敬畏之心，才能成为一个君子，才能完成对人本质的回归。一个官员只有对手中这份权力心存敬畏，才不会滥用权力，才不会公权私用、以权谋私。

“水能载舟，亦能覆舟。”“一个政党，一个政权，其前途命运取决于人心向背。”中国共产党一旦脱离了人民群众，一旦失去人心，自己的前途命运就危险了。习近平总书记多次强调，“对待人民赋予权力上始终保持敬畏之心”。作为党员干部，要有一种“覆舟”的恐惧和忧患，面对权力要如履薄冰，战战兢兢。要有一种神圣的历史感，深知自己在群众面前，不过是沧海一粟，群众才是伟大的。中国之所以发展得这么好，就在于人民群众的力量发挥出来了；中国共产党的力量之所以这么强，就在于始终保持了同人民群众的血肉联系。正像习近平总书记所指出的，坚持全心全意为人民服务，坚守共产党人精神追求，始终是共产党人安身立命的根本。

对贪腐要零容忍。为什么人的问题，是检验一个政党、一个政权性质的试金石。”“人民群众反对什么、痛恨什么，我们就要坚决防范和纠正什么。”“人民群众最痛恨腐败现象，腐败是我们党面临的最大威胁。”贪腐不仅是对公众利益的侵蚀，对公权力的滥用，更重要的是对人民群众利益神圣性的亵渎。反腐是古今中外国家和社会治理中永不缺席的主题。大凡治理成功的国家或地区，对于贪腐都保持一种零容忍的态度，使贪腐成为人人喊打的过街老鼠。香港在反腐方面，有一个非常著名的廉政公署。廉政公署有一个绝招——“零宽容”。香港廉政公署官员说：“哪怕贪一元钱，那也是贪，我们也要查。”并且，如果被起诉的贪污罪成立，那么这个人将失去高达几百万港元的养老金和公职。香港高级警官冼锦华因性贿赂罪名成立被判两年，失去了 373 万港元的退休金和公职。这个“零宽容”对官员的震慑作用非常强。香港官员若到廉政公署办事，出来也要向朋友解释：“我去了廉政公署，但没有‘喝咖啡’”，意即没有被调查，只是一般公干而已。中央八项规定之后，习近平总书记在多个场合反复强调，对腐败要实施零容忍的态度。随着大量“老虎”“苍蝇”“狐狸”的落马，“刑不上大夫”“法不责众”等潜在心理被彻底击溃，“零容忍”的标准逐步树立起来，反腐败斗争压倒性态势已经形成并巩固发展。

二、增强群众工作的能力

党章明确规定：“群众路线，就是一切为了群众，一切依靠群众，从群众中来，到群众中去，把党的正确主张变成群众的自觉行动。”群众路线是我们党的根本工作路线和根本工作方法。党员干部必须强化走群众路线的意识，不断增强群众工作的能力。习近平总书记深刻指出：“是否善于做群众工作，是衡量领导干部政治上是否合格、工作上是否称职、领导能力强不强的一个基本标准。”在党的十九大报告中，习近平总书记把群众工作本领作为八大执政本领之一，进行了强调，“增强群众工作本领，创新群众工作体制机制和方式方法，推动工会、共青团、妇联等群团组织增强政治性、先进性、群众性，发挥联系群众的桥梁纽带作用，组织动员广大人民群众坚定不移跟党走。”

做群众工作首先要善于讲真话实话。群众都是务实的，不喜欢来空的。现在，有的干部开会讲话时口若悬河、滔滔不绝，但一到群众面前就一副囧态。讲半天，群众不但听不进去，还不领情。究其原因，一是工作停在表面，不掌握实情，讲不到点上；二是官老爷思想作怪，没放低身段，把自己与老百姓摆在同一等高线上，缺少平等交流的意识和态度，从情感上脱离了群众。善于说真话实话，把中央的话、上级的话、文件上的话变成通俗易懂的话、群众身边的话，让群众易于接受，这是做群众工作的基本能力。

群众的话好听、好懂、好记，党员干部学会说群众的话，才能与群众亲近贴心。在担任总书记之后的第一次记者见面会上，习近平总书记在讲话一开始，就首先向在座的记者们表示“让大家久等了”，说记者朋友们报道十八大“很敬业、很专业、很辛苦”，这种平易近人的态度和口语化的表达，一下子拉近了总书记和听众之间的距离。在后续的一系列讲话中，时时处处闪耀着群众化语言的魅力，他指出领导干部要“开短会、讲短话，力戒空话、套话”“精简文件简报、切实改进文风”“切忌走过场、搞形式主义” “照镜子、正衣冠、洗洗澡、治治病”等等。在外交场合上，大量地应用比喻，形象地表达了自己的想法，拉近了彼此之间的心理距离。如以“河有源泉水才深”

的非洲谚语勾画中非友好交往源远流长的美好前景，在亚洲博鳌论坛的主旨演讲中将亚洲发展的困难和挑战比喻为“一道道的坡、一道道的坎”，在金砖国家领导人第五次会晤时的主旨讲话中引用中国古话“志合者，不以山海为远”等。“习式风格”已经成为新一届领导集体当中的一大亮点。习近平总书记讲话，朴实易懂，无须更多解释。很多人都感到直接读更来劲。

群众的语言具有无穷的魅力，只有懂得说群众的话，才会赢得群众的尊重和理解，受到群众的欢迎和喜爱。这方面其实也一直是我们党的优良传统。毛泽东同志是一位语言大师，在他讲话中也是对群众话语信手拈来，运用恰到好处。在《改造我们的学习》中，他用“闭着眼睛捉麻雀”“瞎子摸鱼”等俚语，为主观主义者画了一幅惟妙惟肖的画像，令人拍案叫绝。邓小平同志是运用群众语言的大师，他用“摸着石头过河”“不管白猫黑猫，抓到老鼠就是好猫”“发展才是硬道理”，把社会主义建设的重大理论问题阐述得通俗易懂，一听就明白。群众的语言是人民群众生活和实践的文化土壤，会长出最鲜活的思想。一些约定俗成的俚言、谚语，都是从火热的生活中提炼出来的，生动形象，话浅道理深。

应用鲜活生动、带有泥土气息的群众语言，能够让人听起来既亲切又形象，心里热乎乎、暖融融，过目不忘。理论的生命在于实践，理论的命运在传播。生动语言，形象表达，易于接受和传播，才是马克思主义者的真正态度。如果像蹩脚的“酸秀才”一样，死气沉沉地照本宣科，只会让人听得云里雾里，昏昏欲睡。听都听不明白，何谈落实。从群众的视角，讲群众的语言，才能真正走入群众的心里，听到他们的心声。会说群众语言的干部，自然能和群众走得近，也更容易树立党员干部的形象威信。而如果不善于说群众语言，满口官腔，做腔拿调，群众自然会敬而远之。当然，群众语言也不是天然而来的，需要党员干部放下架子，摆正位置，沉下身子，深入基层，心中常装百姓，多观察“百姓事”，多讨论“平实理”，多拉拉“家常话”，这样才能真正走进群众，密切与群众的血肉联系。

做群众工作关键要善于办实事。群众的困难都是实实在在的，非常具体的。有的属于群众性的共性的大问题，有的是属于个体的小问题。党和政府的威信，就是在解决实际问题过程中树起来的。现实生活中，少数领导干部在办理民生实事中，由于方法不对路，往往好事没办实，实事没办好。造成的后果是既劳民伤财、耗时耗力，群众又没有得到实惠，反而生怨气。解决此类问题的对策，一方面，要充分听取群众意见、尊重群众意愿，看群众需要我们做什么事，这些事情该怎么来做，都需要问计于民。另一方面，要学会具体问题具体分析，要能够利用现有条件，统筹各方资源，找到问题症结，要善于“一把钥匙开一把锁”。

善于为群众办实事，是从政能力的一个标识。纵观习近平总书记的成长之路，处处都可清晰地感觉到他办实事的能力和魅力。在梁家河任大队书记时，他带着乡亲们搞科学种田，使粮食增产60%。在福州，曾带领市区领导两天接待逾700位来访群众，当场拍板、限期解决近200个问题。主政浙江时，连续3年向全省人民承诺，每年要为民办 10 个方面的实事。2006 年，浙江全省和省级新增财力用于民生方面的支出分别达到 72% 和 73%。2007 年新增财力的三分之二以上，用于发展社会事业和解决民生问题。2007 年全国“两会”期间，记者采访了当时的全国人大代表、浙江省委书记习近平。记者问他：浙江省承诺办实事的兑现情况怎么样？他回答道：2004 年 5 月，省委十一届六次全会作出了建设“平安浙江”的决策部署，把为民办实事作为平安和谐建设的着力点。比较系统地提出了涵盖就业再就业、社会保障、医疗卫生、城乡住房、扶贫开发、权益保障等十个方面重点领域的实事内容。每年都要形成报告，考查完成情况。而且每年这些承诺都得到兑现，受到群众的称赞。2006 年，全省用于社会保障体系建设的财政资金 244 亿元；免费对 3408 名贫困老年白内障患者实施了复明手术；资助 49 万名家庭经济困难学生就学，14 万名教师接受培训；完成农村劳动力转移就业技能培训 70.2 万人，免除大专院校农业种养类专业本省学生的学费，等等。而且在办实事的同时，形成长效机制。把为民办实事的任务落实到了各地各部门，明确主攻方向，落实各自的办实事任务；为民办实事的群众参与度不断扩大，充分尊重群众的知情权、参与权，对一些重大实事项目，实行社会公示、听证，办实事办到群众心里头；为民办实事的具体制度不断规范，就为民办实事的项目选择、工作要求、责任落实等，制定出台了实施意见。

习近平当选中共中央总书记后，为民办实事的规模和速度，都是前所未有，世界震惊。五年来，6000 多万贫困人口稳定脱贫，贫困发生率从 10.2% 下降到 4% 以下，农村贫困人口每年都减少超过 1300 多万人，相当于一个中等国家的人口总量。到2020年，农村贫困人口全部实现脱贫，贫困县全部摘帽，解决区域性整体贫困，做到脱真贫、真脱贫。全面建成小康的路上，一个人都不能少。这是我们党的庄严承诺。这是人类减贫事业上的伟大奇迹。五年来，城镇化率年均提高一点二个百分点，8000多万农业转移人口成为城镇居民。截至2016年11月底，共计841万生活困难的残疾人领到了生活补贴，866万重度残疾人领到了护理补贴。截至2016年底，已有1000万户居民住进公租房。未来3年，还将有1500万户居民实现“出棚进楼”的梦想。“安得广厦千万间，大庇天下寒士俱欢颜”正在成为现实。截至2016年底，全国养老保险参保人数达到8.9亿人，医疗保险参保人数基本实现全民覆盖。到2017年底，分级诊疗试点扩大至85%以上的城市，所有公立医院全部取消药品加成（中药饮片除外）。看得起病、用得起药、养得起老不再是梦想。五年来，就业状况持续改善，城镇新增就业年均1300万人以上。企业职工的养老金连续12年增加，全国居民人均可支配收入增速持续跑赢CPI。在经济下行压力较大、财政收入增速放缓的情况下，民生指标逆势上扬，成为治国理政成绩单中的耀眼亮色。中国人民大学教授郑功成认为，五年来的发展实践表明，改善民生的一个良性结果，就是内需对经济增长的贡献率不断提高，成为国民经济持续较快发展的最大引擎。民生问题，本质上是经济结构调整的问题。唯有抓住民生问题，才能使经济避虚就实，实现良性发展。从这个角度来看，党员干部要把增强服务群众工作的能力，看作是创新发展的基本要务。

第二节　把群众工作做深，深入分析和研判工作重点与方向

“兵无常形，水无常势。”群众工作会在不同时空条件下呈现出不同的特点。这就要求我们要不断深化群众工作，适应新时代群众工作的对象、内容、环境的特点，下足长功夫，把功夫用得深之又深。唯一不变的就是，时刻牢记党的宗旨，真心为群众着想，全力为群众造福，维护好群众利益。迎着问题难点，到基层一线去，和人民群众打成一片。

一、完全和群众打成一片

2016年《学习时报》在陕西省延川县赵家河村对武刚文家进行了采访。武刚文讲了一段习近平让他当队长的故事。当时武刚文在赵家河最早的基建队当队长，主要是管那些修梯田、打坝的事情。当了三年之后，又当上了生产队的队长。当队长期间，他没忘了基建队的活儿，除了生产，还领着社员在山上打坝开荒，这样他领导的队产粮总比别的生产队要多些，但却也因此遇到了麻烦。

有一天，县委书记骑个自行车到赵家河村来视察，他翻过一座山，正好看到武刚文带领生产队在开荒。书记不让，说生产队不应该干基建队的活儿，而且开荒没跟县里请示是违规的。就这样武刚文和县委书记吵了一架。之后武刚文就赌气不当队长了，每天给村里放羊。后来，

习近平作为县委派来赵家河村驻点的社会主义教育工作队成员，通过村里人了解到武刚文的故事。感觉要搞好生产，村里还需要武刚文来当生产队长。

起初，武刚文脾气倔，说什么也不当。但是习近平很有耐心，一次次找武刚文谈，要他多为集体考虑，要用自己的能力给全生产队的人做贡献。前前后后，习近平一共找武刚文谈了十多次，最后终于把武刚文说动了，同意当生产队长。

在任生产队长的期间，碰到困难时常请习近平帮忙。习近平帮助武刚文管理集体，开队会。武刚文是个性子直，不咋会调解矛盾，时常会为调解一些矛盾犯愁。每当此时，大家就说："别嚷了！嚷有啥用！叫近平来！让近平来给断断！"[①] 然后，他们就去请习近平来出面。习近平一来，每次都能调解得很好，讲得实，处事又公道，说话能说在理上，大家觉得心服口服。最后调解完了，大家也都不说啥了。

习近平作为一个外来的知青，不是本村的人，还比武刚文队长小很多。但是，不仅武刚文服他，村里人个个都服他，就在于习近平深入群众，工作和生活完全和群众打成了一片，处事公道，说话在理，一心为大家考虑。

从习近平总书记的成长过程中可以看出，要和群众打成一片，就必须坚持问政于民。脱离群众，脱离实际，势必造成工作上的"瞎指挥""乱决策"。事实证明，群众是从政资源的巨矿，为政的目标，

① 《"近平真是个好后生"——习近平的七年知青岁月》，载《学习时报》2017年2月4日。

为政的真理，为政的方略，为政的智慧，只有真正到群众中去，真心拜群众为师，才能从根本上解决从政上的这一系列问题。要和群众打成一片，必须具有敢于负责的精神。生活工作的过程，是解决实际问题的过程。一旦深入群众，总会有很多问题和矛盾呈现在自己面前。如果面对问题不理解、不支持，躲着走、避开之，甚至说气话、发牢骚，那么就算身在群众中，也得不到群众的心。这就需要党员干部具有敢于负责的精神，直面问题，求真务实、为民办事，和群众打成一片，增强与群众的感情。把自己看作是群众一员，把群众看作是自己的亲人。坐到群众的炕头面对着面，走在乡间的田埂手拉着手，感情之树才会开花结果。只有以心换心，以真情换真情，用一个灵魂去触碰另一个灵魂，才算是情感上的真正融合。在党的十九大报告中，习近平总书记强调：“党的一切工作必须以最广大人民根本利益为最高标准。我们要坚持把人民群众的小事当作自己的大事，从人民群众关心的事情做起，从让人民群众满意的事情做起，带领人民不断创造美好生活！”党员干部要从内心把群众看作是自己的衣食父母，坚持工作重心下移，察民之情、体民之苦、排民之忧、解民之难，才能把实事办好，把好事办实。来自人民、植根人民、服务人民，是我们党永远立于不败之地的根基，始终是我们党存在和发展的基础，始终是我们党力量和智慧的源泉。“联系群众鱼得水，脱离群众树断根”，前车之鉴警示我们，走群众路线才能得民心，得民心才能兴党兴国。脱离群众就犹如无根之树，生命枯萎，政亡人息。

二、创新群众工作体制机制

习近平总书记强调："加强和改进新形势下的群众工作，除了从方法、渠道的层面提高工作水平外，还有一个重要的方面，就是要提供体制和机制的保证。"体制与机制是管长远的，要想把群众路线教育的效果巩固好，长期深化下去，必须努力建立抓群众工作的长效机制。

抓长效机制，关键是要促进群众工作的法治化。群众工作是我们党治理社会主义的基本方式，法治则是社会治理方式的改进方向。十八届三中全会明确提出，要改进社会治理方式，必须加强党委领导，发挥政府主导作用，鼓励和支持社会各方面参与，形成群众工作系统治理的局面。贵州省在省、市（州）、县（市、区）党委成立群众工作委员会，代表党委统筹群众工作；设立省、市、县三级群众工作中心，与信访局合署办公，信访案件较多的部门一起实行"窗口式"服务；在中心群众可享受"一站式"服务，成效显著，成为全国群众工作法治化的一面旗帜。在省群众工作中心，不仅开通"书记省长——群众直通交流台"，打造了接待、接访、接谈、接处"一厅式"服务来访群众、"一揽子"协调办理群众诉求的群众工作新模式，较好地实现了由"转交办"变为"直接办"、由"中转站"变为"终点站"，大大提高了群众工作的能力和水平。安龙县委书记邓尚勇说："群众工作中心的建立能更好地解决群众的合理诉求，作为地方干部，我们要认真听、用心听群众的委屈、群众的声音，妥善解决群众的诉求，把矛盾化解在初始，把问题解决在基层，把心放在群众上，把群众放在心上。回去后，我们在机制平台上还要进一步建立这样的载体，更好地做好群众工作。”[①]

探索建立群众工作多级化机制。贵州不仅在乡、村、社区基层，设立群众工作站（室），形成横到边、纵到底的群众工作网络。贵州省贵阳市成立了“和谐促进会”，组织民营企业家、法律界等各界人士，通过资金救助、心理辅导等方式，帮助弱势群体走出物质困境和思想困境，效果较好。通过多层次的建构，统合了各方力量，方便了群众，解决了实际问题。省委书记赵克志曾说，要用共产党人的“奋斗指数”提升贵州的“发展指数”，用广大党员干部的“辛苦指数”提升各族人民群众的“幸福指数”。

党的十九大报告指出，“建设平安中国，加强和创新社会治理，维护社会和谐稳定，确保国家长治久安、人民安居乐业。”准确把握社会发展规律，改革创新体制机制，打造共建共治共享的社会治理格局，努力从源头上根本上预防和减少社会矛盾的发生，打造和谐稳定的社会环境，是建设平安中国的治本之策。

一是加强预防和化解社会矛盾机制建设，建立健全经济权益保障机制。社会基层主要矛盾的化解，是建立在发展的基础之上。经济发展模式与路径选择是农村社会治理的重要内容。以增强农村经济活力为重点，不拘一格地发展规模与家庭、纯农业与信息化等多种经济形式，最大程度地开发利用资源，实现农村经济发展模式的最优化。要

---

① 《用内心深处的力量做好群众工作——贵州省学习“枫桥经验”加强和创新群众工作会议侧记》，载《贵州日报》2013年12月12日。

实现中央确立精准扶贫战略，必须摆脱单纯依靠物耗来促进财富增值的传统思路，树立生态环境也是生产力，生态创造财富的新型发展观。在盘活资源，发展经济的过程中，从根上解决群众反映强烈的“收入低、就业难、上学难、看病难、养老难、行车难、住房难、环境乱、治安差、公共空间少”等民生“十困”，让老百姓生活水准得到提升，有持续的获得感和幸福感。

二是加强社区治理体系建设，调整完善以社会共治为目标调整基层权力结构。实现农村治理体系和治理能力现代化，首当其冲的是要调整基层权力结构，推动社会治理重心向基层下移，发挥社会组织作用，以实现基层社会共治。在社会共同治理模式下，村支部要支持和强化村委会村民自治职能发挥。村支部及村干部自身也要从管理者变成服务者。通过鼓励和吸收农村社会组织和农村居民，积极参与基层组织权力运行过程，保障基层组织决策科学化和民主化，实现政府治理和社会调节、居民自治良性互动，从而实现基层共治下的自治。

三是加强社会治理制度建设，建立健全公正执法机制。“完善党委领导、政府负责、社会协同、公众参与、法治保障的社会治理体制，提高社会治理社会化、法治化、智能化、专业化水平。”针对基层工作中存在的执法不严、执法不公问题，需要进一步制定完善配套的法规制度。要严肃查处不依法行政的行为。通过严肃追责，最大限度减少行政不作为、乱作为、慢作为现象，树立为民务实清廉的良好形象。在基层形成“有问题依靠法律来解决”的社会共识，让法律承担群众合法权益而引发社会矛盾的解决功能。强化审判执行工作、办案流程、裁判结果等审务工作的全方位公开，“让人民群众在每一个司法案件中都感受到公平正义”，不断提高司法公信力，让权力在阳光下运行。在基层积淀出法的信仰，彰显出法的精神。

四是加强社会心理服务体系建设，塑造出全新的基层公民。随着农耕实践的边缘化，传统农村社会中的文化处于削弱状态，睦邻敦信、互助友爱的传统意识逐渐受到权利义务、付出回报等思想意识的挤压。重视效率、注重平等、追求权利的现代价值理念，正越来越强盛。非农村的基层，也是一样，熟人社会的整套价值理念，正逐步过度给陌生社会的价值体系。基层社会治理必须正视这些文化形态的新变化，特别是基层群众的心理变化，坚持以包容和创新的姿态，积极地倡导“诚信”“友善”“平等”“公正”等社会主义核心价值观，培育出新的基层特色的文化，培育自尊自信、理性平和、积极向上的社会心态，培育出适应中国梦的现代基层社会的公民。

第三节　把群众工作做细，在细微之处抓工作

“我们着力解决发生在基层和群众身边的不正之风和腐败问题，让正风反腐给老百姓带来更多获得感。”[①] 消除群众身边的“微腐败”，及时回应群众的关切，从细微之处抓工作落实，把群众工作做细，做到群众的心坎里，使群众有更多的获得感。

① 习近平：《在第十八届中央纪律检查委员会第六次全体会议上的讲话》（2016年1月12日），转引自《习近平关于严明党的政治纪律和政治规矩的一组论述》，中国共产党新闻网，2016年2月3日。

一、消除群众身边的“微腐败”

“相对于‘远在天边’的‘老虎’，群众对‘近在眼前’嗡嗡乱飞的‘蝇贪’感受更为真切。‘微腐败’也可能成为‘大祸害’，它损害的是老百姓切身利益，啃食的是群众获得感，挥霍的是基层群众对党的信任。对基层贪腐以及执法不公等问题，要认真纠正和严肃查处，维护群众切身利益，让群众更多感受到反腐倡廉的实际成果。”[①]“微腐败”指基层党政机关中大量存在的情节不十分严重的腐败现象。基层“微腐败”常常以小官小贪、次数多、人数多、形式多的形式出现在群众身边。微腐败其实并不“微”，从个体上来看，体量确实看起来不大，但如果从整体上来看，则是一个战略性的全国性的大问题。党的根基在基层，基石是群众。“微腐败”破坏的就是党的执政根基，对民心民意的影响更为直接。不重视“微腐败”，就是不重视民心、民意，就是最大的不讲政治。这绝不是什么小事，而是天大的事。惩治“微腐败”是衡量从严治党成效的最后标准。净化党内政治生态到底彻不彻底，主要是看基层。如果“微腐败”没有得到有效治理，则说明基层政治生态净化不彻底，全党的政治生态就无法保证。我们一切工作成效好不好，要看群众满意不满意。“微腐败”损害的是老百姓切身利益，相当于剥夺了群众感受反腐倡廉实际成果的机会。唯有坚定不移地推动全面从严治党向基层延伸，切实维护群

① 习近平：《在第十八届中央纪律检查委员会第六次全体会议上的讲话》（2016年1月12日），转引自《习近平关于严明党的政治纪律和政治规矩的一组论述》，中国共产党新闻网，2016年2月3日。

众利益，才能不断提升群众获得感。

关于群众身边的“微腐败”，习近平总书记在第十八届中央纪律检查委员会第六次全体会议上的讲话中，深刻指出，当前，基层干部队伍主流是好的，并不是说全部都是好的，在一些地方、部门、单位，还有大量的基层干部腐败问题。“有的搞雁过拔毛，挖空心思虚报冒领、克扣甚至侵占惠农专项资金、扶贫资金；有的在救济、补助上搞优亲厚友、吃拿卡要；有的高高在上，漠视群众疾苦，形式主义、官僚主义严重；有的执法不公，甚至成为家族势力、黑恶势力的代言人，横行乡里、欺压百姓。”[①]一个时期以来，“微腐败”问题严重腐蚀党的干部、破坏基层党组织的战斗力、损害党的肌体健康，影响着民心民意的走向，成为当地经济社会发展的严重阻碍。“微腐败”治理的过程，就是推动全面从严治党向基层延伸的过程。专项治理“微腐败”，就是要推动基层党组织战斗力不断提升、干部作风根本转变，就是作风建设的“最后关键一跃”。从战略层面上看，这些腐败和作风问题，不仅量大，而且面广，是党风廉政建设的“最后一公里”，是人民群众身边看得见摸得着的“风向标”，这是国家建设的重大问题。群众利益无小事。群众路线是党的生命线和根本工作路线，我们党绝对不允许这样的事情发生。消除“微腐败”，促进政治生态彻底、持久的净化，是动员广大民众投身为实现中华民族伟大复兴而奋斗的最佳良方。

---

① 习近平：《在第十八届中央纪律检查委员会第六次全体会议上的讲话》（2016年1月12日），转引自《习近平关于严明党的政治纪律和政治规矩的一组论述》，中国共产党新闻网，2016年2月3日。

把群众工作做细，必须要把群众身边的“微腐败”清除干净。在革命战争年代，我们党和军队在人民群众心中的威信，就是从“不拿群众一针一线”的细微处着手，慢慢树立的。如果任由“微腐败”发展，人民群众对党和政府的威信，也会日渐一日的消磨殆尽。所以，党员干部一定要认识到“微腐败”的危害，一定要把它看作是“大祸害”加以警醒和消除。“千里之堤毁于蚁穴，百尺之室焚于突隙。”杜绝“微腐败”，刻不容缓；拒绝“微腐败”，势在必行。一些党员干部，物欲膨胀，一切向“钱”看，信奉“撑死胆大的，饿死胆小的”信条。有的看见国家和老百姓的东西，手就痒痒，吃拿卡要，恬不知耻。一些党员干部对待工作疲沓拖拉，门难进、脸难看、事难办。习惯于以空对空落实工作，抓工作浮光掠影，对待群众摆官架说官话，心中无民。作为党员干部，必须牢记为人民服务的宗旨，把人民群众的利益，作为我们工作的出发点和落脚点。党员干部必须坚持为人民群众“办好事”，真心实意地为人民群众谋利益，要谨言慎行，做到“非礼勿视、非礼勿言、非礼勿动”，坚决与“微腐败”说再见！

要运用好监督执纪的“四种形态”，把党风廉政建设的压力传导至基层终端。消除“微腐败”的治本之策，在于落实全面从严治党。就具体实践而言，就是要落实《党章》《中国共产党廉洁自律准则》和《中国共产党纪律处分条例》，特别是十八届六中全会审议通过《关于新形势下党内政治生活的若干准则》和《中国共产党党内监督条例》等法规。这些法规是全面从严治党的“四梁八柱”，是具体实践的“牛鼻子”。具体到“微腐败”，重点是要运用好监督执纪的“四种形态”，把责任与问责压力传导给每一层基层干部。党的十九大报告指出，“坚持开展批评和自我批评，坚持惩前毖后、治病救人，运用监督执纪‘四种形态’，抓早抓小、防微杜渐。”这“四种形态”包括：党内关系要正常化，批评和自我批评要经常开展，让咬耳扯袖、红脸出汗成为常态；党纪轻处分和组织处理要成为大多数；对严重违纪的重处分、作出重大职务调整应当是少数；严重违纪涉嫌违法立案审查的只能是极少数。这“四种形态”都是为了惩前毖后、治病救人，必须改变要么是“好同志”、要么是“阶下囚”的状况。应用好“四种形态”，把纪律挺在前面，才真正体现对党员的严格要求和关心爱护。应用好“四种形态”，要把各级干部的责任压实，激发出全体党员干部干事业的积极性，提升基层干部群众工作的能力和水平。

二、一枝一叶总关情

“对各类困难群众，我们要格外关注、格外关爱、格外关心，时刻把他们的安危冷暖放在心上，关心他们的疾苦，千方百计帮助他们排忧解难。郑板桥有一首诗写道：‘衙斋卧听萧萧竹，疑是民间疾苦声。些小吾曹州县吏，一枝一叶总关情。’我们共产党人对人民群众的疾苦更要有这样的情怀，要有仁爱之心、关爱之心，更多关注困难群众，不断提高全体人民生活水平。”[①]2015 年 2 月 27 日，习近平总书记在

① 习近平：《在河北省阜平县考察扶贫开发工作时的讲话》（2012 年 12 月 29 日、30 日），载《人民日报》2012 年 12 月 31 日。

中央全面深化改革领导小组第十次会议上强调：突出重点，对准焦距，找准穴位，击中要害，推出一批能叫得响、立得住、群众认可的硬招实招，把改革方案的含金量充分展示出来，让人民群众有更多获得感。深改组立即行动，本着百姓关心什么改革就抓什么的原则，很快就拉出一串清单：提高乡村教师待遇、给“黑户”上户口、统一城乡居民医保制度、制定脱贫责任“硬杠杠”、推广家庭医生上门看诊……件件接地气，件件通民心。

教育改革，着力化解留守儿童的教育困境。党的十九大报告指出，“优先发展教育事业。建设教育强国是中华民族伟大复兴的基础工程，必须把教育事业放在优先位置，加快教育现代化，办好人民满意的教育。”打造公平且高质量的教育体系，是新时代教育改革的目标。2015 年两会期间，全国政协教科文卫体委员会副主任马德秀说：“我国有 280 多万乡村中小学教师，他们坚守在边远贫困地区的乡中心校和村小、教学点，编织着乡村孩子的多彩梦想。但是，这个本应是最伟大、最美丽的职业群体，却没有得到社会应有的尊重和重视。”没有好的老师，教师不安心工作，拿什么来保证留守儿童的教育质量。据统计，截至 2016 年 11 月，中国留守儿童数量为 902 万。截至 2015 年底，乡村教师为 280 多万。两个群体 1000 多万，是被捆绑在一起的命运。2015 年 4 月 1 日，中央全面深化改革领导小组召开第十一次会议，审议通过《乡村教师支持计划（2015 – 2020 年）》，旨在拓展乡村教师补充渠道、统一城乡教职工编制标准、提高乡村教师生活待遇、推动城市优秀教师向乡村学校流动，阻止住生源的恶性流动，降低择校压力。2016年5月20日，中央全面深化改革领导小组第二十四次会议审议通过《关于统筹推进城乡义务教育一体化改革发展的若干意见》，提出适度稳定乡村生源，改善农村学校的办学条件等实用做法，要求各地建立以居住证为主要依据的随迁子女入学政策；建立家庭、政府、学校、社会力量综合立体的保护工作体系，为农村留守儿童健康成长保驾护航。2016年9月，教育部教师工作司司长王定华透露，全国近600个连片特困地区县已实施乡村教师生活补助（平均补助标准近300元），受益乡村教师超过100万人。乡村教师下不去、留不住、教不好的状况得到一定缓解，甚至一些地区还出现乡村教师回流。

群众工作无小事。教育问题，医疗问题，住房问题，食品安全问题，都是群众热切关注的问题。这些问题涉及人数众多，牵涉的面也特别广，都属于国家层面的大问题。每一个问题的解决，都意味着社会文明的进步。所以，党的十九大报告强调，“要坚持把人民群众的小事当作自己的大事，从人民群众关心的事情做起，从让人民群众满意的事情做起”。每一个问题的解决，每一件事的落实也需要很多环节串联而成，也需要众多行业与人员的密切配合，共同努力，特别需要基层干部的倾力奉献。除了教育、医疗等这些战略层面上的大问题之外，还有很多日常生活工作中的小问题。党员干部必须对群众需求及时回应，凡涉及群众切身利益和实际困难的问题，再小也要竭力去办。每一个小问题的解决，都会增加群众对于党和政府的感情和信赖。小问题如果解决不好，一旦累积到一定程度，必然会引发出大问题。广大党员干部，只有通过大量耐心、细致的群众工作，最大限度地化解不和谐的矛盾，努力将不稳定因素消除在萌芽状态。

“小康路上，一个都不掉队。”2013 年 2 月，履新不久的习近平总书记来到甘肃省定西市通渭县马营镇赤砂村，他入户同乡亲们唠家常，询问粮食够不够吃，低保有没有保证，看病有没有保障，孩子有没有学上，年货有没有备好……五年来，从黄土高坡到雪域高原，从茫茫林海到边陲小镇，从地震灾区到草原牧区，以习近平总书记为代表的中央领导同志的足迹几乎覆盖全国 14 个集中连片特困地区，只为习近平总书记那一句“最牵挂的还是困难群众”。在山东菏泽，1200 余户贫困户的 4000 余亩土地已全部纳入牡丹种植基地，吸纳 1100 余名贫困群众在基地就业，年人均收入达近 5000 元。在云南昭通，党支部、合作社、企业、贫困户协同发展的模式，给有 111 万贫困人口的地方注入了新的生机与活力。在贵州遵义，有史以来规模最大的异地搬迁扶贫行动，使农村贫困群众能在中心集镇、工业园区、旅游景区自主安家和致富。

民生的痛点就是改革的着力点。中央深化改革领导小组仅在 2016 年就审议通过 96 份改革文件，涉及社会民生的有 25 份，份份直奔民生的痛点。五年来，医改直面医疗资源结构不合理、分布不均衡的“中梗阻”，专攻公立医院、药价虚高等最难啃的“硬骨头”。采取先行试点，然后普及推广的方法，在福建等 4 个省份进行综合医改试点。试点中，签约家庭医生，在基层就可以开到 4 周至 8 周的处方用药量，还能免除 500 元医保起付线。“早上买菜顺便过来测个血糖！”老百姓在家门口的社区卫生服务中心就能看病领药。商事制度改革不断攻坚，从

"零门槛"注册公司到"三证合一、一照一码"，平均每天涌现万户新企业；"营改增""政府购买服务"等热词不断涌现，为社会治理带来新常态、新模式、新格局。特别是在党的十九大报告中，习近平总书记提出了"健康中国战略"的概念，要为人民群众提供全方位全周期健康服务，实施食品安全战略，健全现代医院管理制度，健全药品供应保障制度等新举措。在世界第一人口大国，破解每一个民生问题都是世界性难题。然而，这些难题，确实一个一个地在我们面前被攻克。我们取得全面建设小康社会决战胜利，几无悬念。一个富强民主文明和谐美丽的现代化强国，正在向我们迎面招手。

第四节　把群众工作做透，着眼大局和长远，促进社会公平正义

1990 年 7 月 15 日，时任中共福州市委书记习近平有感于焦裕禄精神，作了一首词发表在 1990 年 7 月 16 日的《福州晚报》上："……依然月明如昔，思君夜夜，肝胆长如洗。路漫漫其修远矣，两袖清风来去。为官一任，造福一方，遂了平生意。绿我涓滴，会它千顷澄碧。"[①]要把群众工作做透，就要像焦裕禄一样，为着群众的长远利益，鞠躬尽瘁，两袖清风，死而后已。

---

① 习近平：《念奴娇·追思焦裕禄》，载《福州晚报》1990 年 7 月 16 日。

一、为官一任，造福一方

2014 年 3 月 17 日，习近平总书记来到他在第二批群众路线教育实践活动中的联系点——河南兰考县。重来兰考，习近平总书记感慨地说，虽然焦裕禄离开我们 50 年了，但焦裕禄精神是永恒的。焦裕禄精神和井冈山精神、延安精神一样，体现了共产党人精神和党的宗旨，一定要大力弘扬。第一次来兰考是 2009 年，当时他在座谈时动情地回忆说，“焦裕禄精神不仅影响着你们，而且影响了几代人。1966 年 2 月 6 日，人民日报刊登了穆青等同志的长篇通讯《县委书记的榜样——焦裕禄》，我当时正上初一，政治课张老师念了这篇通讯，我们当时几次都泣不成声，特别是讲到焦裕禄同志肝癌后期坚持工作，拿个棍子顶着肝部，藤椅右边被顶出了一个大窟窿时，我深感震撼。焦裕禄精神对我影响很大。我任福州市委书记时，在焦裕禄同志纪念日，我感慨万千，就填了一首词，有感于纪念焦裕禄，当时福州日报登过。焦裕禄同志是一个很高很高的标杆，虽不可及，但我们要见贤思齐。”①

焦裕禄，山东省淄博市博山区崮山镇（现源泉镇）北崮山村人，1922 年 8 月 16 日出生在一个贫苦家庭，1946 年加入中国共产党，1962 年被调到河南省兰考县担任县委书记。时值该县遭受严重的内涝、风沙、盐碱三害，全县粮食产量下降到历年最低水平。他上任后的第二天起，就深入基层调查研究。在一年多的时间里，他拖着患有慢性

---

① 《“让生生不息的焦裕禄精神发扬光大”——习近平缅怀焦裕禄记》，载《河南日报》2009 年 4 月 7 日。

肝病的身体，跑遍了全县140多个大队中的120多个。焦裕禄身先士卒，以身作则，冒着风沙带头去查风口探流沙，顶着倾盆大雨带头察看洪水流势，扛着铺天风雪率领干部访贫问苦送粮送款。他在同普通农民同吃同住同劳动同奋斗中，一点一滴地集中起同自然灾害斗争的宝贵经验，并化成战胜灾害的有力武器。

他经常肝部痛得直不起腰、骑不了车，即使这样，他仍然用手或硬物顶住肝部，坚持工作、下乡，直至被强行送进医院。1964年5月14日，焦裕禄被肝癌夺去了生命，年仅42岁。他临终前对组织上唯一的要求，就是他死后“把我运回兰考，埋在沙堆上。活着我没有治好沙丘，死了也要看着你们把沙丘治好。”

从1962年12月到1964年5月，焦裕禄在兰考工作了470多天，团结和带领群众战风沙，斗“三害”，开创了工程治理和生态治理相结合的路子。焦裕禄对同志对人民对工作，满腔热情。他常说，共产党员应该在群众最困难的时候，出现在群众的面前，在群众最需要帮助的时候，去关心群众、帮助群众。他的心里装着全县的干部群众，唯独没有他自己，被誉为“党的好干部”“人民的好公仆”。

焦裕禄精神影响了一代又一代人。生命是有限的，工作是短暂的，但是这种精神却是永恒的。“回应人民群众新期待，坚持从实际出发，带领群众一起做好经济社会发展工作，特别是要打好扶贫开发攻坚战，让老百姓生活越来越好，真正做到为官一任，造福一方。”[①] 这样的官，百姓谁不喜欢。

① 习近平：《在会见全国优秀县委书记时的讲话》（2015年6月30日），载《人民日报》2015年7月1日。

有人说，领导干部是“父母官”，要“为民作主”，其实不然，人民是社会的主人，干部只是他们的“公仆”。从现代政治的角度来看，干部手中的权力为民所赋，人民是党员干部的“衣食父母”。领导干部要把权力用在为民办实事上，树牢“以民为主，由民作主”的信念。领导干部要恪守为民之责。在其位，谋其政，负其责。人民赋予干部权力是希望干部用来为人民办事的，而不是公权私用，中饱私囊。对人民群众，领导干部要敢于面对问题，做到言必信，行必果，用实际行动赢得人民群众的信任。要多倾听群众的呼声，当好群众致富的“带头人”，带领大家因地制宜，找出适合当地群众发展的路子，组织大家从实际出发，一起发家致富。每一位地方官的任命，都是组织和人民的信任和培养，不能见“穷”就想“调走”，应当踏踏实实扑下去好好干，越是穷的地方，越要全力以赴，尽到自己的责任，带领大家摘掉贫困帽子。这才算是做到了“为官一任，造福一方”。

正如习近平总书记强调的：“每个领导干部都要懂得，党和人民把为人民服务的重担放在我们肩上，这是一种多大的信任和责任。要把这种信任和责任看得比泰山还重，始终以饱满的热情投身工作，永葆蓬勃朝气、昂扬锐气和浩然正气，自觉地盯着榜样找差距，对照先进学经验，努力争创一流业绩，不断开创各项工作新局面，真正做到‘为官一任、造福一方’。”①

① 习近平：《在中央党校二〇一一年春季学期开学典礼上的讲话》（2011 年 3 月 1 日），人民网，2011 年 3 月 4 日。

二、路漫漫其修远矣，两袖清风来去

把群众工作做透，除了要深入群众，把事关群众长远利益的大事做好之外，还需要把住自己的言行，干干净净做人，干干净净做事。党员干部要守得住清贫、耐得住寂寞、稳得住心神、经得住考验，自觉做到秉公用权、依法用权，绝不以权谋私、贪污腐败。党员干部必须坚守道德底线，严守党纪国法，使自己清清白白。要像焦裕禄一样，全心全意为人民服务，倾力奉公，不谋一点私利，不存一丝私念。

在新时代，要使“两袖清风”成为一种普遍性的存在，最关键的还是要有制度机制做保障。让权力在阳光下运行，实行政务公开，就是这样一种制度上的设计。2016 年新春伊始，中共中央办公厅、国务院办公厅于 2 月 17 日印发公布了《关于全面推进政务公开工作的意见》，开宗明义指出：“公开透明是法治政府的基本特征。全面推进政务公开，让权力在阳光下运行，对于发展社会主义民主政治，提升国家治理能力，增强政府公信力执行力，保障人民群众知情权、参与权、表达权、监督权具有重要意义。”[①] 按照该《意见》的要求，公开将成为常态，不公开变为例外，未来几年将逐步加大“决策公开、执行公开、管理公开、服务公开和结果公开”的程度，提高政府公信力和保障公众知情权、参与权、监督权。深化改革，推动简政放权、放管结合、优化服务改革，激发市场活力和社会创造力，目标是到 2020

① 《中共中央办公厅 国务院办公厅印发〈关于全面推进政务公开工作的意见〉》，中央政府门户网站·国家林业局森林公安局，2016 年 3 月 2 日。

年左右，打造出相对成型的法治政府、创新政府、廉洁政府和服务型政府。

作为普通百姓，对政府机关的职责和日常工作流程标准等，并不是十分了解，对政府不同部门的具体职责划分与协调机制也是“雾里看花”。政务不公开，上级领导是政府机关工作的唯一裁判员，这就为形式主义和官僚主义提供了制度上的温床。政务公开之后，群众的监督力量就吸纳进来了。就可以从制度机制上，使工作面向群众，为群众服务。使得政府和各级干部有权力清单的意识，哪些事必须做，哪些事不能做，都变得明了清晰。同时，政务公开也是拓宽民意表达渠道的重要一环，群众首先知道政府在干什么，怎么干的，效果如何，才能提出更有针对性的意见，群众的意见才能和政府工作实现有效互动。近年来，政府网站、政务微博、政务微信等不断融入政府服务，并对推进政务公开、塑造服务型政府和新型政民关系发挥着越来越积极的作用。

第五章
作风建设要在抓常抓细抓长上下功夫

“作风建设已经采取的措施、形成的机制要扎根落地，已经取得的成效要巩固发展，关键是要在抓常、抓细、抓长上下功夫。”[①]作风建设既是时代性课题，又是永恒性课题，需要标本兼治，经常抓、抓经常，抓出常态；深入抓、抓深入，抓出实效；持久抓、抓反复，抓见长效。通过立破并举、扶正祛邪，持之以恒、锲而不舍，善始善终、善做善成，不断把作风建设引向深入，不断巩固和扩大已经取得的成果，努力以优良的党风政风带动全社会风气根本好转。

第一节　把作风建设时刻摆上位置、有机融入日常工作

“抓常，就是要把作风建设时刻摆上位置、有机融入日常工作，

① 习近平：《2014年5月9日在指导河南省兰考县委常委班子党的群众路线教育实践活动专题民主生活会时的讲话》，转引自《习近平论党的作风建设——十八大以来重要论述摘编》，载《党建》2014年7月29日。

做到管事就管人，管人就管思想、管作风。推动各项工作，都要落实作风建设具体要求，形成抓作风促工作、抓工作强作风良性循环。”[①]把作风建设有机融入日常工作，成为工作的一部分，成为工作常态，成为一种习惯和意识。

一、做好群众工作是领导干部的重要职责

习近平总书记指出：“做好群众工作是领导干部的重要职责”，要求各级领导干部树立正确的群众观，坚持群众路线，保持同人民群众的零距离，在解决群众疾苦中敢于担当，把做好群众工作作为自己分内职责，抓好抓实。

要有正确的群众观。对群众的情感从哪里来，首先是从理论中来。马克思作为思想家，对人类社会的规律有着相当深刻的认识。在马克思看来，“无产阶级的运动是绝大多数人的、为绝大多数人谋利益的独立的运动。”共产主义事业是人类解放的事业，是最广大人民为实现自己根本利益而团结奋斗的事业。毛泽东同志作为理论家，始终坚信“人民，只有人民，才是创造世界历史的动力”，并提出了“一切为了群众，一切依靠群众，从群众中来，到群众中去，把党的正确主张化成群众自觉行动”的工作路线。习近平总书记曾多次引用马克思和毛泽东等人的群众观点来论述自己的群众观。第一，劳动人民是创

① 习近平：《2014 年 5 月 9 日在指导河南省兰考县委常委班子党的群众路线教育实践活动专题民主生活会时的讲话》，转引自《习近平论党的作风建设——十八大以来重要论述摘编》，载《党建》2014 年 7 月 29 日。

造历史的根本动力，是历史的真正英雄和主人；第二，劳动群众需要教育和组织，但教育者必须首先接受教育，只有做群众的学生才能做群众的先生；第三，共产党人要彻底地为人民利益工作，既做人民的先锋队，又做人民的勤务员。学习马克思主义经典典籍，是习近平群众观的重要成因，也是党员干部加深对群众路线理解的必要路径。

其次是从国家兴衰历史文化中来，“得民心者得天下”，“得民心者兴天下”，反之亦然。中国历史文化完整地展现了中国历史的兴衰现象及缘由。历史上的国家兴衰的规律，归结到一点，就在于民心。有的专家学者，曾经把一些群体性事件归因为人们的仇富仇官心理，其实这背后真正的原因是，执政者在行使职权时，作风不实，侵害了群众利益，折损了党和政府的威信，最后离心离德。根据社会能量守恒原理，统治者施加的暴力，终归反弹回来。清朝末年，梁启超对于朝廷改良失望后发表文章《现政府与革命党》，说“革命党者，以扑灭现政府为目的也。而现政府者，制造革命党之一大工场也”。也就是说，推翻清政府的革命，正是政府自己一手造成的。

第三是从革命建设的实践经验中来。想当年，淮海战役中，60 万解放军围歼了 80 万国民党部队。这军事奇迹的背后就是人民的力量在起关键性作用，整个战役单就支前民工就达 80 万。所以，陈毅元帅说，淮海战役的胜利是老百姓用小车推出来的。在整个的革命过程中，中国共产党从弱小到强大，都是民心选择的结果。在历史诸多可能的选择当中，中国老百姓用脚用心作了选择。在社会主义建设中，人民群众始终作为主体力量，牺牲奉献，努力工作，才有着中国从“站起来”到“富起来”再到“强起来”的历史性飞跃，才有着今天中国的繁荣富强。

第四要从权力起源中来。没有民就没有官，各级领导干部的权力是人民所赋予的，是为满足人民需要才存在的，离开人民群众，所谓的“干部”就失去了存在的根基，就没有了任何意义。作为领导干部，如果对民心没有敬畏之感，如果有了权力就觉得自己高高在上，有权就想任性那就是无知加愚昧，更别说是党性了。

相信群众，依靠群众。迈开步子，走进田间地头，走进车间厂房，多与一线群众交朋友。放下架子，以小学生的心态，向群众了解情况，请教对策。撸起袖子，甩开膀子，和人民群众一起劳动，苦在一起，乐在一起。用真心换真心，用真情去感动群众。相信群众自己能解放自己，依靠群众，组织群众为了更好的生活，一起努力奋斗。领导干部在制定政策措施时，要多咨询群众，广纳民意、集中民智。在政策实施过程中，要加强宣传引导，使群众认识到政策的惠民利益，使这些政策措施为群众所了解、掌握和支持，然后团结群众一起干，一起为实现自己的美好未来生活而努力奋斗。然而，在现实生活中，一些领导干部误以为做群众工作就是些具体业务部门的具体业务，比如信访、维稳、政法部门等具体业务部门的事情，与自己关系不大。更有甚者，搞“政绩工程”“面子工程”“形象工程”不缺钱，为老百姓办实事的“民心工程”“民生工程”就这也没钱、那也没钱。这不仅是工作方法和工作重点出现了失误，而且是群众立场出了问题，群众感情出了问题。

在解决群众疾苦中敢于担当。在党的十九大报告中，习近平总书记对社会主要矛盾作了新的判断，认为“中国特色社会主义进入新时代，我国社会主要矛盾已经转化为人民日益增长的美好生活需要和不平衡不充分的发展之间的矛盾”。虽然温饱问题已经历史性地解决了，而且不久将全面建成小康社会，但是人民的诉求和预期也在变化，对美好生活的需要日益广泛，不仅对物质文化生活提出了更高要求，而且在民主、法治、公平、正义、安全、环境等方面的要求日益增长。只要是其中任何一个方面未能有效解决，都会淤积成群众疾苦。就拿反腐来说，随着反腐正风深入发展，人民群众的期望值也在不断提高。在这样的大形势下，干部必须要有担当，顺势而为，积极作为。但在现实中，却总还是有部分党员干部身上存在着“不思进取、不接地气、不抓落实、不敢担当”的“四不”现象，严重影响了党和人民事业的发展。这些人私心太重，遇到问题绕着走，不愿管事，不敢作为。只想着为自己求安稳、求省心。认为“只要不出事，宁愿不干事”。这些庸官对于事业的危害，并不比“贪腐”小多少。此类作风问题如果不根治，必然会影响到国家各种大政方针的落实，甚至贻误改革良机。纠正“四不”，要用好问责的“倒逼”机制，把“四不”问题作为作风重点抓好抓实。

保持良好作风是群众工作的基本形态。在历史上，有刘邦进咸阳约法三章得民心，有“冻死不拆屋，饿死不掳掠”的岳家军。小信成则大信立。小事如果能严谨，大事必能成。这既是成事的规律，更是群众观察一种组织性质的基本路径。在长征路上，革命战士表现出来的坚定信仰，不仅仅是马克思主义理论的威力，更是中国共产党人的作风影响使然，是长期“不拿群众一针一线”的三八纪律积淀下的自觉。在辽沈战役纪念馆的支前馆，珍藏着这样两面锦旗，上面分别写着“仁义之师”和“秋毫无犯”。这两面锦旗的受赠者是原东北野战军第四纵队十师，锦州那个地方出苹果，辽西战役的时候，正是秋天，老百姓家里有很多苹果，当时兴城郊外有一个叫韩家沟的苹果园，城内有储存苹果的果窖。部队入城后，不吃老百姓的一个苹果，就算是路过苹果园，一个都不去拿。这体现了战士们严格的纪律意识，体现战士们高尚的爱民情怀，更体现了战士很高的作风养成。毛泽东同志认为在这个问题上，战士们自觉地认为：不吃是高尚的，而吃了是很卑鄙的，因为这是人民的苹果。并在多次场合用这个“不吃苹果”的故事，教育全党要加强纪律性，保持好作风，保持不变的革命本色。1949 年的美国《生活》杂志刊登了一幅照片，照片上是解放军解放上海后，睡在马路边的很多战士，照片标题为“国民党统治时代结束了！”其实，当时很多民众看到这幕时，都非常感动，从内心认定了一个历史趋势：国民党再也回不来了。良好的作风养成，使得解放军赢得了民心。可见，良好作风本身就是一种群众工作。甚至可以说，作风好不好，就是民心朝向的风向标。

二、身体力行抓落实

2017 年 4 月 14 日，习近平总书记对廖俊波同志先进事迹宣传作出重要指示，廖俊波同志任职期间，尽心尽职，带领当地干部群众苦干实干，无愧于“全国优秀县委书记”的称号。广大党员干部要向廖俊波同志学习，身体力行把党的方针政策落实到基层和群众中去，真心实意为人民造福。

廖俊波同志生前是福建省南平市市委常委、副市长，武夷新区党工委书记，曾任政和县县委书记。2015 年 6 月被中央组织部授予“全国优秀县委书记”称号，并受习近平总书记接见。2017 年 3 月 18 日，在赶往武夷新区主持召开会议途中不幸发生车祸，因公殉职。在任县委书记期间，政绩突出，百姓拥戴，被誉为“新时期的‘焦裕禄’”。

廖俊波到任之前的政和县，经济基础薄弱远近闻名，是福建历任省长固定的帮扶县。想当年，习近平总书记在任福建省长期间，曾三次到政和调研。2000 年 9 月，习近平总书记调研时指出，希望政和县的同志们发扬愚公移山、滴水穿石的精神，发展山区特色经济。2011 年 6 月，上任后的廖俊波，暗下决心，一定要山区群众脱贫，让群众过上好日子。

政和县石屯镇石圳村，是一个出了名的“垃圾村”，村里的河沟淤积了近 30 年的垃圾无人清理，臭气冲天，严重影响了村里人的身体健康。外村人都不愿踏进村里，村子里住的大都是老人儿童，年轻人都外出打工。后来，石圳村的 10 个妇女，自发成立了村巾帼理事会，义务清理村里垃圾。这事被廖俊波书记听到后，专程到村里走访，鼓励她们不仅要整理卫生，还要恢复村容村貌，申报美丽乡村，想办法搞旅游项目。在他多次反复的调查、沟通、协助下，石圳村申请到了“美丽乡村”的建设项目，水、电、桥、路灯等基础设施逐步完善，石圳村发生了脱胎换骨的变化，成了远近闻名的“美丽乡村”。古朴的民居、潺潺的流水、幽香的茶社，最多的时候一天接待游客超万人次。有 100 多名村民回到本村从事旅游等相关产业，村民人均收入翻了几番，村里的老人们都说日子好得“像是掉进了蜜罐里”。廖俊波常挂在嘴上的一句话是，“赚钱的事你们来干，不赚钱的事让我们来干”。

铁山镇东涧村，天然风景优美，三面环山，山上林木和翠竹保护完好，环境优美，空气清新，有上百亩空闲地。2011 年人均年收入仅 5000 余元，村里 900 多口人中有 1/3 外出打工。2012 年 10 月，廖俊波来到村里和村民们座谈，看到村民们渴望的眼神，想到了一个增收的办法：“能不能流转土地，搞花卉种植？”后来，廖俊波找到一家花卉种植基地，邀请负责人周胜落户东涧村。周胜不仅发展了 400 多亩的花卉基地，带动了本村 50 多人的就业，还带动了其他 4 家企业落户村里。如今，村民的人均年收入已达 1 万多元。

像这样，还有很多的村子，都发展出了自己的特色产业，农民增收非常可观。县城则更不用说，四年间，完成征地 7000 多亩，招商引资签约项目 51 个，开工项目 23 个，总投资 28.03 亿元，工业园区已经开发完毕 3600 亩。政和县城的城镇化率从 31% 提高到 46%，建起了迎宾大道政和广场、文化中心、9 座市政桥梁、高速公路等。他的到来，实实在在地给整个县城带来了巨大的变化。老百姓都说“他走到哪里，哪里就会大变样”。

好作风必须身体力行。喊破嗓子，不如做出样子。毛泽东的灯芯，朱德的扁担等这些都是我们耳熟能详的故事。时过境迁的今天，听到这些故事，我们依然感动。2013 年 12 月 28 日上午，习近平总书记来到庆丰包子铺排队买包子，自己买单、端盘子、取包子。“习大大买包子”，在网上引起一片热赞。当然，领导力的体现，单靠这一两个故事是不足以支撑起来的。习近平总书记在去买包子之前，已经在全国人民心目中有了很深的印象，比如“铁腕反腐”、出行不封路、言必信行必果等。一系列的身体力行，已经建立起了好作风好形象。“买包子”只是“锦上添花”。正如，毛泽东和朱德的领导地位，不可能只靠灯芯、扁担来支撑，还需要一系列的身体力行来共同构建。但是，灯芯、扁担故事以点观面，很形象地把领导人的风范表达出来了。所有的信仰都靠实践，离开了身体力行的实践，再完善的语言都是空洞的，再完美的愿景都是虚幻的。从本质意义上来看，身体行力的好作风，就是坚定信仰的必然要求和体现。所谓的领导力，本质上也是一种信仰的实践。通过身体力行，感化他人，领导他人，组织他人。

三、标本兼治解决作风建设中的突出问题

将“利剑”效应向基层延伸。在党的十九大报告中，习近平总书记在讲五年来的成就时说，“巡视利剑作用彰显，实现中央和省级党委巡视全覆盖。”并在讲到全面从严治党时，强调要“深化政治巡视，坚持发现问题、形成震慑不动摇，建立巡视巡察上下联动的监督网”。五年来，各种巡视组牢记使命、坚持原则，巡视干部做到忠诚、干净、

担当。他们严格要求自己，奉行两种工作原则：对党风廉政问题该发现没有发现就是失职、发现问题匿情不报不处理就是渎职。巡视组如“利剑”般，对各地的腐败形成了强大的震慑作用。

浙江金华市公安局交警大队有一交警出现了醉酒驾驶案，但是拖了一年没有处理。后来被市纪委派驻公安局纪检组发现后，案件马上被督办和移交起诉。法院判了该民警 3 个月拘役，还受到开除党籍和公职处理，交警大队的大队长和指导员被市公安局党委通报批评处分，所在中队的中队长被诫勉谈话。这样处理的力度是以前不可想象的。为什么，前面有案没有处理，因为有的人担心处理了自己人，会影响单位的形象；有的人觉得自家人监督自家人，多少要给点面子；有的人认为，交警抓交警，担心以后自己也被严处。这些问题，在巡视组、派驻纪检组面前就不是问题。因而，这样有效的制度，需要常态化，制度化，使之影响深入到基层一线。

将制度反腐进行到底。在古今中外的历史上，出现过严刑反腐、高薪养廉、运动反腐等多种特色的反腐形式，虽一时取得过成绩，但终不长久，真正管用管长远的还是制度反腐。正如党的十九大报告中所指出的，“全面推进党的政治建设、思想建设、组织建设、作风建设、纪律建设，把制度建设贯穿其中，深入推进反腐败斗争，不断提高党的建设质量”。制度反腐，是指通过加强整个国家制度体系的建设，使社会各阶层、组织、个人的权利和义务能够实现归位和平衡，能随着时代发展而发展，通过制度和法治的方式，适应和有效解决新问题的反腐方式。中纪委五次全会提出，要建立科学严密完备管用的反腐制度体系，要进一步加强反腐倡廉方面的教育、监督、预防和惩治等多个方面的制度建设。“史上最严”个人事项申报；立案登记制、巡回法庭；跨行政区划法院；让裁判者对案件负责等，制度反腐的步子，走得稳走得快。几年下来，我们清楚地看到，法律的作用不断被强化，“法治”的理念反复被重申，法治信仰得到彰显，制度的权威正在重塑，一片“政治上的绿水青山”呼之欲出。

群众路线的本质是群众治理，其基本形态是政治民主。有着群众路线作为内核的民主，我们有着更强的群众基础，更强的自我更新能力，更强的与时俱进的自我更新能力。不少学者认为，以群众路线和民主观为基础建构的民主集中制，是一个高度优化的“自组织动力系统”。这个系统把很多看起来相互矛盾的概念，如民主与集中、集体领导与分工负责、横向民主与纵向民主等，有机地融合在一起。这个系统使党和政府能够根据外在形势的发展而不断自我调适、自我更新，始终保持坚强的生命活力。这套系统的生命力，主要体现在以下几个方面，一是因为它有以科学共产主义为追求的世界观、历史观，人民是这个信仰体系最为显著的标志。二是因为它有以群众路线为工作路线的动力源泉，一方面是通过群众的参与和监督，党内形成了一个自我监督、自我纠错的有效机制；另一方面是通过民主，把群众意见汇聚起来，制定出好的路线、方针、政策和办法。三是因为它有一个全心全意为人民服务的宗旨，一切人为了一切人，广泛的统一战线，共同的认同，共同的愿景，容易团结起更多的人，汇聚起更强大的力量。正是基于这三个方面，这套系统赋予了我们几乎无尽的伟力。当然，再好的优势，如果发挥不好，也会走向危机，甚至崩溃。但是，与其他国家相比，这种自我更新的优势是显而易见的。比如美国民主，大多数的美国人认为两大政党在国会的主要作为是争斗，而不是合作。特别是 2016 年美国大选后，美国政治势力的分裂更是严重。政党恶斗导致决策困难，利益集团侵蚀国家治理能力，使美国政治逐渐发展成福山所说的“否决政体”：权力制衡与政治极化相互叠加，导致互不妥协、相互否决，“我办不成事也不能让你办成”。美国三权分立的制度设计之初，是想通过将立法权、行政权和司法权三大权力分别交给三个不同的国家机关管辖，从而实现权力的制约与平衡，避免绝对权力的出现，避免“政府之恶”。然而，在制度运行中，由于立法和司法部门影响力过大，行政部门的行政效率往往因此受损。而立法、行政、司法机关之间常常出现摩擦、扯皮，导致许多紧要国事不能得到及时决断。2008 年，当金融危机越演越烈之时，美国国会内部对“7000 亿美元救市计划”存有反对意见。时任财长保尔森为了尽快让救援计划获得通过，甚至在众议院女议长佩洛西面前下跪，引来国际舆论一片哗然。议会党争陷入只论党派、不问是非的境地，彼此攻讦、互相扯皮成为常态，结果导致议会立法举步维艰，沦落为“低效政治”“失败政府”。在 2008 年经济危机爆发之前，美国的全球霸主地位，特别是金融霸权，为美国带来了巨大的利润，掩盖了很多矛盾。经济危机爆发后，美国金融吸金能力大不如前，国内财富分布的不公，必然从经济的对立传导至政治的对立。种种迹象表明，“大好时光”时代的资本主义结束，社会分化在金融危机爆发后日益加剧。而且美国政治是一种烧钱的政治，曾经帮助威廉·麦金莱赢得1896年大选的马克·汉纳早就说过："要赢得选举，需要两个东西：第一是金钱，第二我就记不得了。"竞选费用一路高升，2012年高达20亿，到2016年则达到了100多亿。美国式民主是发展中国家玩不起的政治游戏，一些发展中国家盲目移植西方多党制、自由选举制，结果导致"民主之殇"：改旗易帜，陷入党争之乱，国家四分五裂。

与之形成鲜明对比的，是中国的发展，在世界陷入危机的时候，中国这个"轻舟已过万重山"，令多少"中国崩溃论"者崩溃，令无数国际人士羡慕不已。中国是如何在不断变化的现实面前，保持如此强大的适应能力。其中原因很多，非常重要的一条就是以现实问题为突破口，标本兼治地治理作风，从而完成有效的政治治理。

第二节　对干部群众特别是基层群众反映的作风问题一一回应、具体解决

"抓细，就是要对干部群众特别是基层群众反映的作风问题一一回应、具体解决。要透过现象看本质，在解决个别具体问题的同时，着力解决面上的普遍性问题。"[①] 人民有所呼，改革有所应。解决群众反映的作风问题，才能真正汇聚起亿万民众的磅礴力量。

---

① 《2014年5月9日在指导河南省兰考县委常委班子党的群众路线教育实践活动专题民主生活会时的讲话》，转引自《习近平论党的作风建设——十八大以来重要论述摘编》，载《党建》2014年7月29日。

一、保持和人民群众的血肉联系

“密切党群、干群关系，保持同人民群众的血肉联系，始终是我们党立于不败之地的根基。一个政党，一个政权，其前途和命运最终取决于人心向背。如果我们脱离群众、失去人民拥护和支持，最终也会走向失败。”[①] 历史和现实反复告诉我们，密切联系群众，保持党同人民群众的血肉联系，是党的性质和宗旨的体现，是中国共产党区别于其他政党的显著标志，也是党发展壮大的重要原因。1946 年，时为燕京大学校长的司徒雷登出任美国驻华大使。3 年后离开中国时，感慨道，“国民党弊病百出”“而共产党毕竟有许多为民谋福的优秀作风”。上海解放后，宋庆龄曾说：“国民党的失败是意料中的事，因为它敌视人民，反对人民，压迫人民；共产党取得胜利，是必然的，因为它代表人民，爱护人民，为人民谋福利。”中国共产党深深地扎根于人民之中，始终与人民保持着血肉联系，使其获得了几乎无尽的战争潜力。在抗日战争中，这种现状给日本人留下了极为深刻的记忆。日本陆军省兵务局一个工作人员在战时曾写道：“中国共产党由于在中国民众中进行唤起民族觉醒工作，在农村中进行政治经济工作，成功地掌握了民心，其势力正在日益壮大。……因此，我等不能等闲视之。” 战后日本防卫厅防卫研究所战史室编写的一部日军侵华作战史中曾这样写道：“中国共产党领导的军队与民众的关系，同以往的

---

① 习近平：《紧紧围绕坚持和发展中国特色社会主义学习宣传贯彻党的十八大精神——在十八届中共中央政治局第一次集体学习时的讲话（2012 年 11 月 17 日）》，人民网，2012 年 11 月 19 日。

当政者不同。中共及其军队集中全力去了解民众，争取民心，不但日本，就连重庆方面也是远远不能相比的”。为什么中国共产党能保持与群众的血肉联系？一个方面是因为他们来自于百姓。贺龙“出身是贫农，家里很苦，穷人的痛苦知道得很深”，他一直追求能让工农大众过上好日子的政党，最终认定中国共产党。在大革命失败的紧急关头，已是国民革命军第20军军长的贺龙，毅然投身于革命。广大的指战员，则多以农民为主体。再一个方面，解放人民是中国有识之士的追求和担当。在中共早期党组织成员中，具有留学经历的有19人，占35.9%，大专以上学历的有49人，高达92.5%。从当时的社会现状来看，他们的出身不可谓不优越，从职业来看，他们的岗位不可谓没地位。但他们之所以加入中国共产党干革命，一个深层原因，就在于民族衰亡，人民困苦，“为天地立心，为生民立命”的抱负，使得他们毅然走上一条救国救民之路。来自人民，为了人民，保持与群众的血肉联系，是我们走向成功的根本保证。正如习近平总书记在庆祝中国共产党成立95周年大会上的讲话中强调指出：“党与人民风雨同舟、生死与共，始终保持血肉联系，是党战胜一切困难和风险的根本保证，正所谓‘得众则得国，失众则失国’。”[①]

怎样才算得上是“血肉联系”，或者说“血肉联系”是一种什么样的体验？简单而言，就是要坚持全心全意为人民服务的宗旨，坚持群众路线的根本作风和方法，想群众之所想，急群众之所急，始终根

① 习近平：《在庆祝中国共产党成立95周年大会上的讲话》（2016年7月1日），载《人民日报》2016年7月2日。

植人民、造福人民，始终与人民心连心、同呼吸、共命运。1945 年 4 月，毛泽东同志在党的七大报告中明确指出：“全心全意地为人民服务，一刻也不脱离群众；一切从人民的利益出发，而不是从个人或小集团的利益出发；向人民负责和向党的领导机关负责的一致性；这些就是我们的出发点。” 1957 年 3 月毛泽东同志进一步指出：“共产党就是要奋斗，就是要全心全意为人民服务，不要半心半意或者三分之二的心三分之二的意为人民服务。”1960 年 5 月，毛泽东同志在上海会见英国陆军元帅蒙哥马利时说：“一个领袖应该是绝大多数人的代言人，他应该代表人民的愿望。”五年来，习近平总书记反复强调：“为人民服务是我们共产党人的天职。” “民心是最大的政治。” “每个人的工作时间是有限的，但全心全意为人民服务是无限的。” “共产党不讲政治，还叫共产党吗？” “如果管党不力、治党不严，人民群众反映强烈的党内突出问题得不到解决，那我们党迟早会失去执政资格，不可避免被历史淘汰。” “全党同志必须清醒认识世情、国情、党情的变和不变……坚持全心全意为人民服务的根本宗旨。”党的这个根本宗旨是一脉相承的、不变的，是“万变不离其宗”的。如果“为人民服务”变成了“为人民币服务”，“以人民为中心”变成“以人民币为中心”，“一切为了群众、一切依靠群众”变成了“一切为了挣钱、一切依靠金钱”，那么党群血肉关系就会变成“油水关系”，把“党”和“人民”分裂对立起来。那么，党就会蜕化变质或者名存实亡。到那时，党的执政地位就会危险了。

办好实事，造福人民。如何才能保持党群干群的“血肉联系”，最关键的是要为民办实事，造福人民。“我们要适应新形势下群众工作新特点新要求，深入做好组织群众、宣传群众、教育群众、服务群众工作，虚心向群众学习，诚心接受群众监督，始终植根人民、造福人民，始终保持党同人民群众的血肉联系，始终与人民心连心、同呼吸、共命运。要从人民伟大实践中汲取智慧和力量，办好顺民意、解民忧、惠民生的实事，纠正损害群众利益的行为。”[①] 五年来，以习近平同志为核心的党中央以雷霆万钧之势拉开反腐大幕，旗帜鲜明地坚决反对干部群众反映强烈的形式主义、官僚主义、享乐主义和奢靡之风。“四风之害”主要表现在理想信念动摇，宗旨意识淡薄；脱离群众，脱离实际，不负责任；贪图名利，弄虚作假，不务实效；以权谋私，腐化堕落。这些问题严重损害党的肌体，严重损害了党群干群关系，严重损害了人民群众的利益。干群矛盾在很多地方一度十分严重，干部与民争利的现象也一度多发易发，群体性事件数量和规模也是一度快速上升。五年来，经过一系列强有力的反腐行动，党群关系、干群关系得到了很好的修复，群众路线的优良作风得到了很好的弘扬，党和人民群众的血肉联系得到了巩固和提升。

坚持反对不思进取不接地气不抓落实不敢担当。在党风政风呈现新气象的当下，涌现了一批优秀的好干部，但也有些党员干部还存在着“不思进取、不接地气、不抓落实、不敢担当”的问题。主要表现有：责任心不强，思想故步自封，行动上庸碌无为；心里无百姓，深入基

① 习近平：《紧紧围绕坚持和发展中国特色社会主义学习宣传贯彻党的十八大精神——在十八届中共中央政治局第一次集体学习时的讲话（2012 年 11 月 17 日）》，人民网，2012 年 11 月 19 日。

层不够，思想与工作都停留在表面；抓工作浮于表面，热衷于搞形式，应付了事；不愿担事，不愿管事，不敢担当，不敢作为。这些问题的存在，是改革的绊脚石，是发展的中梗阻，使得一些本来可以做好的工作没有做好，甚至使改革发展在一些关键问题上难有突破，以致错失改革良机。清除“四不”，关键是要明确责任、落实责任、追究责任，做到有责必问、问责必严。问责既要对事，更要对人，以刚性约束来唤醒责任意识，使广大党员干部自觉把责任扛上肩，以优良作风完成时代赋予的重任。

二、打通群众意见的上传和回应通道

说起群众意见，不能不想起发生在 1942 年的那个故事。有一天，延安附近有个傻子村的村民叫伍兰花，为征缴公粮的事与村干部争吵起来，性急之下，骂起了毛泽东：“前一阵打雷，咋不把他打死哩……”于是，伍兰花被抓起来，带到了毛泽东那里。在枣园住处，毛泽东同志笑着说：“国民党要我的脑壳，用枪用炮；你倒好，要用雷打。要我死嘛，很简单，可你总得说出一个道理嘛！”接着给伍兰花倒了一杯水。伍兰花见毛泽东没有生她的气，就把她的情况说了一遍，男人有病，全家 6 口人靠她一人负担，生活十分困难，缴不上公粮。村里老百姓负担也普遍过重。听后，毛泽东同志心情沉重，对带伍兰花来的保卫处长说：“她是好人，敢讲真话，是给我们提意见的。”并要求保卫处长马上护送她回家。伍兰花走后，毛泽东同志给中央西北局下达指示，要求深入调查延安地区群众的负担问题和生活状况。抗日战争爆发后，征收公粮数额增大，群众负担逐年加重，而且灾情疫情也比较严重。不久，毛泽东同志决定当年征收公粮指标由 20 万担减到 16 万担 ，同时向边区党、政、军发出了“自己动手、丰衣足食”的号召。一场轰轰烈烈的大生产运动，在解放区展开，南泥湾也变成了“好江南”。

群众的意见提不上来，到不了决策层，必然影响决策层对时局的研判，影响决策的针对性和有效性。从群众工作的角度来看，听取群众意见，不仅是对工作本身有帮助，还有一个收获是对群众心里不良情绪的排解和调节，这是社会治理的重要内容。心理学上有一个名词，叫“移情倾听”，即抱着理解别人的目的倾听，可以达到化解矛盾、消除隐患、增进感情、融洽关系的目的。当人遇到挫折、痛苦和想不开的问题时，总想找个人诉说，使心理压力得到释放，达到心理上的平衡。如果这种情绪表达受阻，小则影响个人的心理健康，大则引发群体性事件。前些年，群体性事件多发频发，很大一个原因就是社会情绪缺乏合适的表达渠道。所以，作为党员干部，必须要学会如何倾听群众的意见。特别是面对群众发泄牢骚或怒气时，要保持良好的谦虚的态度。如果能虚心倾听，及时回应，就算问题没有解决，也能取得群众的谅解和支持。及时对群众意见予以回应，也能让群众增强主人翁意识，激发他们做工作的主观能动性。

倾听群众意见的阻力来自于权力的平衡。当群众的意见对干部的利益影响小时，干部就会对群众的意见视而不见。从经济理性人的角度来看，必须要先触动他们利益，才能触动他们的灵魂。某市委党校在党的十八大以前对于在职领导干部进行的有关“权力是谁给的”问卷调查表明，有 64% 的人认为权力是领导给的，30% 的人认为领导赏识与个人努力各占一半，5% 的人认为靠个人努力，只有 1% 的人认为权力的获得取决于群众认可。[①]这种畸形的权力和利益观，必然导致畸形的干群关系，使“不怕群众骂、只要能提拔”“不怕群众不满意，只怕领导不高兴”成为大行其道的潜规则。在这种干群关系下，“官员变演员、官场变商场”“改革变涨价，管理变罚款，服务变收费”“利益面前抢篮球，问题面前踢足球，责任面前推排球”“天灾掩盖人祸、表彰掩盖问责、庆功会掩盖反腐败”“保障民生缺资金，官场消费不差钱”等等乱象的出现，就不足为奇了。习近平总书记反复强调：“物必自腐，而后虫生”“从善如登，从恶如崩”。

必须让人民来监督。阳光是最好的防腐剂。毛泽东同志在 1945 年 7 月 4 日与国民党政府参政员黄炎培先生关于“历史周期律”的“延安窑洞对话”中明确指出：“只有让人民来监督政府，政府才不敢松懈；只有人人起来负责，才不会人亡政息。”习近平总书记反复强调，没有监督的权力必然导致腐败，这是一条铁律。必须反对和克服特权思想、特权现象。在我们党的历史上，涌现了无数英雄模范，也产生了不少蜕变分子、腐败分子。人的身体有了毛病，就要打针吃药，重了还要动手术。人的思想和作风有了毛病，也必须抓紧治。如果讳疾忌

---

① 薛鑫良：《始终保持党同群众的鱼水关系和血肉联系》，载《中华魂》2017 年 3 月 31 日。

医，就可能小病拖成大病，由病在表皮发展到病入膏肓，最终无药可治。党的根本宗旨是全心全意为人民服务，接受组织和人民监督天经地义。要继续加强民主监督。对中国共产党而言，要容得下尖锐批评，做到有则改之，无则加勉。党员、干部决不能以任何借口而拒绝监督，党组织也决不能以任何理由而放松监督。

时时处处、切切实实关心群众生活，紧抓民生之本、解决民生之急、排除民生之忧，这是密切党群关系的治本之策，也是最根本的群众工作。如何才能找到群众切身利益的症结难点，打通联系服务群众的“最后一公里”，前提是要能够打通群众意见的上传和回应通道。群众有什么意见，有什么难题，有什么疾苦，需要有方便多样的途径，而且这些群众意见，要能有效地传达到决策层。决策层对于意见的看法和处置对策，也要能够及时地反馈至一线群众那里。信息的有效沟通，是一切群众工作有效实施的前提条件。信息上下沟通顺畅，百姓知无不言，言无不尽，那么群众工作不会差；党和政府有呼就有应，有应就落地，那么群众工作肯定效果好。

前些年，网上经常可以看到一些人，为了补办各种证明，大距离长时间反复跑，让人叫苦连天。特别是身份证，全国可查，却只能回出生地补办。一旦遗失，如果再遇到有急事要办，常常把人急死。针对这个群众反映强烈的问题，2015 年 8 月 18 日，中央全面深化改革领导小组第十五次会议审议通过《关于建立居民身份证异地受理挂失申报和丢失招领制度的意见》，强调要发挥公安机关人口服务管理信息化优势，“让信息多跑路、让群众少跑腿”。2016 年 9 月，北京市出台新政，继天津、河北等10个省市之后，河南、山东、黑龙江等16省区市户籍群众，可以直接在京办理补领、换领身份证业务。这虽然算是一个小便利，其背后却是一个巨大的信息工程，是暖人心的民心工程。

汇聚各种资源，聚焦基层现实问题。积极回应群众关切，把群众反映强烈的问题，当作改革的重点和难点，着力形成人往基层走、钱往基层投、政策往基层倾斜的良好导向，通过务实行动，通过问题的逐步解决，使改作风改到群众心坎上。经过这几年的改革，我们不难发现，一大批多年积累的矛盾和问题得到有效化解，一大批信访积案得到切实解决。通过作风建设，执法监管部门和窗口服务单位门难进、脸难看、事难办等突出问题得到有效整治。通过严肃的追责问责，随意执法、选择性执法，不给好处不办事、给了好处乱办事的现象大为减少。通过全面从严治党的稳步推进，软弱涣散的基层党组织得到初步整顿，党员、干部服务群众的自觉性得以增强。通过打通和融合民意上传渠道与打通决策落实通道，一些硬骨头、老大难的问题得到了有效化解。广大党员、干部也从这些行动中感受到了严肃，体会到了认真，看到了希望，触动了灵魂，正积极地汇聚在党中央决策部署的周围，传播着越来越大的正能量。

三、高度重视网络虚拟社会的群众工作

今日之世界已经网络化，群众上了网，民意就上了网，社会情绪

也会上网，舆论场也随之移到网络上。能不能做到有效引导网络舆论，有没有能力利用网络促进工作，直接反映出党在网络时代的执政能力。2016年4月，习近平总书记在网络安全和信息化工作座谈会上的讲话中，深刻指出，“让互联网成为我们同群众交流沟通的新平台，成为了解群众、贴近群众、为群众排忧解难的新途径，成为发扬人民民主、接受人民监督的新渠道。”还指出，“网民来自老百姓，老百姓上了网，民意也就上了网。群众在哪儿，我们的领导干部就要到哪儿去，不然怎么联系群众呢？”

古人云：“知屋漏者在宇下，知政失者在草野。”草野存在的形态也是一个历史性概念。在信息社会，网络就成为“草野”的重要形态。在“人人都是通讯社，个个都有麦克风”的时代，群众诉求的表达更加便捷、更加多样，网络日渐成为民意表达的基本渠道。据中国互联网络信息中心发布的《中国互联网络发展状况统计报告》显示，截至2017年6月，我国网民规模达7.51亿，半年共计新增网民1992万人，占全球网民总数的五分之一。其中手机网民达7.24亿，手机网民占比达96.3%。有4.63亿网民在线下购物时使用过手机支付结算，比例达到61.6%。手机外卖用户大军达2.74亿，共享单车用户规模已达1.06亿。网络深度融入经济社会发展、融入人民生活。

网络世界是与传统世界不一样的世界。舆论的引导有着很多新的规律。这些年，网络对于我们而言，有着“表哥”“房叔”“微笑哥”等网络反腐的经验，也有着剧情不断反复的舆论危机，甚至还有网络“暴力”。在网络上，一些人的非理性因素被大大扩大。也有不法分子利用网络进行黄赌毒交易，甚至成为恐怖分子发展的温床，利用网络鼓吹推翻国家政权，煽动宗教极端主义，宣扬民族分裂思想，教唆暴力恐怖活动，等等。如果任其发展下去，非常危险。正如习近平总书记指出的，“谁都不愿生活在一个充斥着虚假、诈骗、攻击、谩骂、恐怖、色情、暴力的空间。互联网不是法外之地。整天乱哄哄的，那就什么事也办不成”，“如果弄成那样一个局面，就不符合人民利益，也不符合国家利益”。“网络空间天朗气清、生态良好，符合人民利益。网络空间乌烟瘴气、生态恶化，不符合人民利益”，“凝聚共识工作不容易做，大家要共同努力。为了实现我们的目标，网上网下要形成同心圆。”“实现‘两个一百年’奋斗目标，需要全社会方方面面同心干，需要全国各族人民心往一处想、劲往一处使。”

人人都可以发声，这是社会的进步。现实社会生活网络化，是一个不可阻挡的时代大潮。只能是采取因势利导的办法进行治理，不断地进行规范引导，使网络与民众在社会实践中成熟起来。因此，必须“依法加强网络空间治理，加强网络内容建设，做强网上正面宣传，培育积极健康、向上向善的网络文化，用社会主义核心价值观和人类优秀文明成果滋养人心、滋养社会，做到正能量充沛、主旋律高昂，为广大网民特别是青少年营造一个风清气正的网络空间。”使网络成为我们共有的精神家园。

首先，要有一个正确的网民观。习近平总书记指出，对广大网民“要多一些包容和耐心，对建设性意见要及时吸纳，对困难要及时帮助，对不了解情况的要及时宣介，对模糊认识要及时廓清，对怨气怨言要及时化解，对错误看法要及时引导和纠正”。其次，要能够正确对待批评。习近平总书记明确要求，“对网上那些出于善意的批评，对互联网监督，不论是对党和政府工作提的还是对领导干部个人提的，不论是和风细雨的还是忠言逆耳的，我们不仅要欢迎，而且要认真研究和吸取”。哪怕错误的批评，也要理性对待，因为“网民大多数是普通群众，来自四面八方，各自经历不同，观点和想法肯定是五花八门的，不能要求他们对所有问题都看得那么准、说得那么对”。“形成良好网上舆论氛围，不是说只能有一个声音、一个调子，而是说不能搬弄是非、颠倒黑白、造谣生事、违法犯罪，不能超越了宪法法律界限。我多次强调，要把权力关进制度的笼子里，一个重要手段就是发挥舆论监督包括互联网监督作用。” 要解决网络世界的乱象，重要的是网民走向理性和成熟。一方面共产党员在网上积极发声，传播正能量，占领网络阵地。另一方面网信部门应当承担起监管责任，对于不法分子，必须给予有力的惩处。再次是各级组织要善于把网络民意吸纳进自己的决策系统，利用网络提高决策效果。

领导干部要善于利用网络走群众路线。网络时代的舆情环境更加复杂，信息量大，反应快，突发性情况多。“各级党政机关和领导干部要学会通过网络走群众路线，经常上网看看，潜潜水、聊聊天、发发声，了解群众所思所愿，收集好想法好建议，积极回应网民关切、解疑释惑。善于运用网络了解民意、开展工作，是新形势下领导干部做好工作的基本功。各级干部特别是领导干部一定要不断提高这项本领。”[①]近年来，随着上网人数的增多，网络舆情越来越成为社会情绪的晴雨表。网络不仅反映现实问题，而且对社会现实的影响也越来越大。前些年中东的颜色革命、2016年土耳其政变的平定、美国总统大选等等国际地区大事，社交媒体都发挥了不可缺失的作用。前几年，发生在中国的英雄保卫战，网络也是主战场。“千禧一代”成长于网络时代，他们对于网络的信赖程度，已构成生命的一部分。在这样一种时代条件下，领导干部不仅要是网民，而且要是利用网络的行家里手。首先是要经常上网。每天都应该抽出一定时间，到网上“溜一溜”“泡一泡”，利用网络平台充电学习，及时掌握资讯最新动态，充分了解网络舆情，跟踪舆论热点发展。其次要沟通交流。各级党委、政府特别是与群众日常生活联系紧密的窗口部门，要专门设立网络交流平台，把官方微博、微信等方式用活用好，及时发布信息、有效收集民意、快速回应诉求，切忌把单位网站办成“僵尸网站”。第三要及时回应。发生重大突发事件时，要第一时间发布权威信息，形成“首声效应”。切忌故意拖延、回避、糊弄、轻视网络关切。特别是面对网络谣言发展做大时，要及时回应网民疑虑，有效展现事实真相。第四要网上网下结合。网络舆情出现问题，根子却在现实中。如果平时各方面处理得好，作风严实，口碑良好，偶尔网上有些误解，也难成大气候。2017年8月，解放军进入澳门救灾，被境外势力设计污蔑说在澳门杀人，结果引发澳门同胞的一片反击。舆论完全倒向正面的原

---

① 习近平：《在践行新发展理念上先行一步 让互联网更好造福国家和人民》，载《人民日报》2016年4月20日。

因，就是解放军树立了良好的信誉，实际行动感化了现场百姓。如果平时作风不实，信誉不良，关键时候，就算有事实做依据，也不足以服众，谣言就会因此而起。因而，在网络社会，更应该重视作风建设，把作风建设抓细抓常，抓出实效，建立起品牌。

第三节　要反复抓，不能三天打鱼两天晒网

“抓长，就是要反复抓，不能三天打鱼两天晒网，集中抓的时候雷霆万钧，平时放任自流。要认真落实作风建设各项制度，做到有章必循、违规必究。要通过深化改革，从体制机制层面进一步破题，为作风建设形成长效化保障。”[①]在社会主义初级阶段，我们党面临的“三类不纯”“四大考验”“四种危险”是长期性的，因而作风建设也必须长抓不懈。

一、奔着现实问题和活思想去

习近平总书记指出：“思想政治教育要取得实效，就要奔着现实问题和活思想去。”思想政治教育是作风建设的一个重要部分，作风建设要想取得实效，也需要奔着现实问题和活思想去。古人云，“周

① 《2014 年 5 月 9 日在指导河南省兰考县委常委班子党的群众路线教育实践活动专题民主生活会时的讲话》，转引自《习近平论党的作风建设——十八大以来重要论述摘编》，载《党建》2014 年 7 月 29 日。

虽旧邦，其命维新”。构成国家社会的人，始终处于变化发展之中。每一代人的生存条件都会不同，每一个不同的人生阶段的需求与感悟也会不同。所以，每一个看起来平常的国家，构成它的人民却都是活生生的，演绎着种种人生传奇。甚至看似平淡的生活背后，却依然有着激动奔涌的暗流，甚至还有地火。就像一个人的潜意识一样，看似文静的人，也不能排除内心深处潜伏着一个暴力极端的自我。所以，思想政治教育要有感召力和吸引力，要能够真正“走心”，就必须得奔着现实问题和活思想去。现实问题与活思想两者紧密相连，现实问题没解决好就会引发思想上的问题，思想上问题一旦积累起来，就会引发行为上的问题。所以，作风建设要取得实效，强化不敢腐的震慑，扎牢不能腐的笼子，增强不想腐的自觉，必须得把准现实问题，快速地掌握活的思想，通过不懈努力换来海晏河清、朗朗乾坤。从这个层面来看，作风建设决不是一劳永逸的事情，需要常抓不懈，需要驰而不息，因为人是“活”的，思想是“活”的，问题也是“活”的。

坚持鲜明的问题导向。坚持问题导向是马克思主义的鲜明特点。马克思主义是一门关于实践的科学，主要旨趣是改造世界。从微观的角度来看，改造世界其实也就是解决一个一个的问题。时代性的大问题一旦解决，则意味着时代的更替演进。每一个具体问题的解决，则意味着创新。所以，科学素质的提升，从某种程度上看就是问题意识的提高。高质量的问题，本身就意味着高质量的研究。问题可以说是时代进步的动力源。一个接一个的问题，一系列的问题，如脚印般记录着人类社会的发展，记录着每一个人的成长。只有聆听时代的声音，把准时代的问题，才能真正把握住历史脉络、找到发展规律，推动实践创新，才能完成对时代呼唤的回应。坚持以马克思主义为指导，必须落到研究如何解决“三类不纯”上来，如何经受住“四大考验”上来，如何战胜“四种危险”上来。2013 年全国两会前夕，人民网与人民日报政治文化部联合推出大型网络调查，选出网民最关注的十大热点问题，而十八届三中全会《决定》中不乏一系列呼应网民关切的举措。特别是二胎政策、城市落户、权力清单制度、个人所得税制度等新政，很受百姓欢迎。

奔着活思想去。“差异”是“活思想”的“标签”，这些“差异”不是简单就能得来的，首先需要深入到群众身边。正如习近平总书记告诉我们的，“群众的很多想法，往往不是在那些很正式的场合、当着很多人的面会讲出来的，而是要同他们身挨身坐、心贴心聊才能听得到。”坐到一起，坦诚相待，以心换心，才能消融彼此之间的心理距离。调查不仅要有心，更要有“望闻问切”等方法，更要有分析能力。“偏听则暗，兼听则明。”但明并不是简单累加而来的，需要综合各方意见去分析。要能由表及里，精准分析“活思想”的来龙去脉和发展趋势，找准关键穴位。而这一切的一切，都是一个动态的，都在一个“活”字。对“活思想”，要做到快、准、狠，都不是一个简单一次性能搞定的事情，都是需要反复抓，抓出情感，抓出实效，都需要反复的实践，积累出经验，积淀出信誉。

二、坚持理想不懈怠

2016年4月，习近平总书记在知识分子、劳动模范、青年代表座谈会上的讲话中强调："要坚持艰苦奋斗，不贪图安逸，不惧怕困难，不怨天尤人，依靠勤劳和汗水开辟人生和事业前程。'看似寻常最奇崛，成如容易却艰辛。'青年的人生之路很长，前进途中，有平川也有高山，有缓流也有险滩，有丽日也有风雨，有喜悦也有哀伤。心中有阳光，脚下有力量，为了理想能坚持、不懈怠，才能创造无愧于时代的人生。"① 对于知识青年的这些要求，既是精神状态的要求，更是作风养成方面的要求。对于青年知识分子是如此，对于党员干部来说，也应如此。良好作风养成的另一面，是一个人的精神品质问题。对于一级组织而言，则是组织生命力的问题。一个人良好的精神品质，看起来并不惊奇，其背后则是长时期的修炼与养成。没有长时间的打磨，要想在修为上有突破，无异于痴人说梦，天上掉馅饼。一级组织良好的信誉，过硬的作风传统，背后也都是长久的坚持。久久为功，是其基本原理。坚持反复抓，抓反复，是作风建设的基本规律。

新常态背后的非常态努力。党的十八大之后，经济发展进入了新常态，如何把握和引领新常态，却是一场惊心动魄的大战斗。"全面小康路上一个都不能少"，背后则是"要举全国之力，确保到2020年农村贫困人口全部脱贫。"为了给群众以更多的获得感，习近平总

① 习近平：《在知识分子、劳动模范、青年代表座谈会上的讲话》（2016年4月26日），载《人民日报》2016年4月27日。

书记三年间去各地调研45次，中央深化改革领导小组三年间通过了47份文件，实实在在地支撑起民众的获得感。34份文件护航司法公正，17份文件保障从严治党真管真严，40份文件牵住经济换挡保质的“牛鼻子”……2013年12月30日成立的中央深化改革领导小组，到2016年12月30日的三年间，先后召开27次会议，审议了162份改革文件，平均每6天审议一件，全面布局改革力度之大、步调之快世人瞩目，正如有专家在接受媒体采访时所说，“改革开放30多年来，中国改革循着从易到难、从局部到全局、从增量到存量的顺序展开。今天的改革，遇到的困难就像一筐螃蟹，抓起一个又牵起另一个，必须全面启动；涉及的利益关系错综复杂、环环相扣，需要顶层设计。”①

以非常之功成非常之事。“古之成大事者，不惟有超世之才，亦有坚忍不拔之志。”作风之重要，自古以来，欲成大事者，谁人不知，然又有几人能坚持。作风对于国家政府的重要性，亦不用说，然而又有多少届政府能够坚持做下来。世界上的老牌大党，大都已经走向衰退，想救亦难。想当年，蒋介石也深知自己领导的政党已经病重了，也想通过反腐来挽救国民党，但却陷入“不反亡国，反则亡党”的悖论。作风建设之难，难在人性的劣根性。人都有私情私欲，人都有好逸恶劳的天性。人要保持好的作风，就必须时时处处与自己的本性天性作斗争。对于一级组织而言，难度则更大，如果规范人的利益分配，如何用制度机制把个人的利益追求和组织的利益追求融合成一体，难

---

① 曾伟，李警锐，龚仪，张艳：《“山，快马加鞭未下鞍”——夙兴夜寐1000天》，人民网·时政频道，2016年月24日。

度更大。这就需要一个永恒的努力作为保障条件，对于个人而言，要持续地努力修炼。对于组织而言，要驰而不息，坚持长久地抓作风，坚持不断地改革。

作风坚持的战略定力，源于不忘初心的坚持。《钢铁是怎样炼成的》中有句名言，一个人要“不因虚度年华而悔恨，不因碌碌无为而羞耻”，这是每个人对人生终极价值的追问。只有完成这个终极价值的追问，才会把自己献给“最壮丽的事业”，在无限的事业中获得生命的永恒。在烽火连天的岁月里，成千上万的烈士为了自己的理想献出了宝贵生命。“砍头不要紧，只要主义真”“敌人只能砍下我们的头颅，决不能动摇我们的信仰”，这是他们对人生终极价值的追问和回答。共产主义远大理想激励了一代又一代共产党人英勇奋斗，走过了九十多年辉煌的历程。正如习近平总书记强调的，“我们党已经走过了95年的历程,但我们要永远保持建党时中国共产党人的奋斗精神,永远保持对人民的赤子之心。一切向前走，都不能忘记走过的路；走得再远、走到再光辉的未来，也不能忘记走过的过去，不能忘记为什么出发。面向未来,面对挑战,全党同志一定要不忘初心、继续前进。”[①]实践发展永无止境，实践与理论创新就永无止境。马克思主义经典作家很难想象今天的时代变化，但是他们确立的基本立场原则和理想信念，并不过时。“志不立，天下无可成之事。”“理想信念动摇是最危险的动摇，理想信念滑坡是最危险的滑坡。一个政党的衰落，往往

① 习近平:《在庆祝中国共产党成立95周年大会上的讲话》(2016年7月1日)，载《人民日报》2016年7月2日。

从理想信念的丧失或缺失开始。”[①] 每一位党员干部，都应该跳出一时一事、一人一地的局限，用更长的时空、更宽的视野来考量生命的质量，追问自己的终极价值，想想当初为什么入党，想想国家民族的需求，想想自己的时代使命。国家强大了，民族强盛了，个人才会幸福。大家好了，才是真的好。每一名党员干部，都应该落实习近平总书记的要求，始终坚定“四个自信”和“三个必须长期坚持、永不动摇”，把“为中国人民谋幸福，为中华民族谋复兴”作为自己永恒的价值追求，不忘初心，牢记使命，毫不犹豫地选择为党、为国家、为人民、为中华民族而奋斗。

三、守住基层的主阵地

基层是群众工作的主阵地。习近平总书记指出：“基层既是产生利益冲突和社会矛盾的‘源头’，也是协调利益关系和疏导社会矛盾的‘茬口’。”基层是作风建设的“最后一公里”，是政策服务的主体。基层是联系群众最多的地方，是党的一切工作的落脚点。基层点多面广，作风建设的主体需求量特别大。人多了，也容易出问题。因此，必须要把基层的群众工作作为主阵地，政策向基层倾斜，力量向基层倾斜。必须把基层作为作风建设的重点和重心，想尽一切办法在基层把群众工作做扎实。作风建设怎样才能算是深入抓，抓到基层一线，

① 习近平：《在庆祝中国共产党成立95周年大会上的讲话》（2016年7月1日），载《人民日报》2016年7月2日。

才算是深入抓了。反复抓的成效从何处来体现，也需要基层的声音来作为评判尺度。基层说好，那才是高质量的好。基层好了，群众的感觉才会好，群众的获得感才会强。所以，党员干部，必须要把主要时间和精力投向基层，真正去“懂群众”，带着“感情”去“懂群众”。现在，有些地方资讯发达了，干部和群众的距离却远了。有的干部习惯于坐在办公室里，通过看材料、听汇报来了解群众情况，通过发指示、提要求来做群众工作。这种状态，实践证明多是流于形式的，是不接地气的，效果是不长久的，是作风建设要改掉的重点内容之一。习近平总书记曾指出：“多接地气，才能培养对人民群众的感情。不带着深厚感情去联系群众，就可能是‘作秀’。”各级党员干部一定要下苦功夫沉到基层去，深入到田间地头，和老百姓干一样活、吃一锅饭、坐一条板凳，才有可能把群众工作做到位。

强化基层组织的群众工作职能。党的十九大报告指出，“党的基层组织是确保党的路线方针政策和决策部署贯彻落实的基础。”在此之前，习近平总书记强调，“党的基层组织和基层干部是加强和创新社会管理、做好群众工作最基本、最直接、最有效的力量。”我们党的优势力量来源于基层组织，优良传统在于强大的基层组织能力。自从井冈山时期“支部建在连上”开始，我们就一直非常重视基层组织的建设。正是把一个一个基层支部建强建好，把基层组织建好建强，才从战略上把整个国家动员起来，朝着既定的目标一起奋斗。这是我们党带领全国人民战胜一切困难和敌人的重要原因和基本经验。作为基层组织和基层干部，一定要把知民情、解民忧、化民怨、暖民心作为经常性的工作，真正把自己当作党的形象代言人，一方面要加强学习，学习掌握国家的大政方针。另一方面要加强作风养成，真正做到“情况掌握在基层、问题解决在基层、矛盾化解在基层、工作推动在基层、感情融洽在基层”，筑牢社会和谐稳定的基石。

在突破基层建设困局中营造风清气正的基层政治生态。政治生态是检验我们管党治党是否有力的重要标尺。“营造风清气正的政治生态，是一项持久的工作。夯实管党治党基础，特别要有一个覆盖全面、功能健全的基层党组织体系，有一支素质较好、作用突出的党员、干部队伍，有一套便利管用、约束力强的制度机制，有一个正气弘扬、歪风邪气没有市场的政治生态。要选好配强农村基层党组织领导班子，团结带领农民群众脱贫致富奔小康。”[①] 解决党内政治生活、政治生态中出现的问题，决非一朝一夕之功，需要我们锲而不舍，反复抓落实，才能奏效。基层处于行政的末端，点多面广，政治生态建设更是复杂艰巨。改革开放以来，经过撤乡并镇和七站八所的改革以后，在控制编制、缩减经费、提高效率等方面有了一定的进步。但从乡镇一级下沉的项目、资金、技术、信息等在村一级落地上存在困难。县乡权责不对等，执政骨干难出来。一些县直部门掌握着重要资源和权力，权力往上收，任务往下放，不问过程如何，只问乡镇要结果。一些县行政主管部门没有关心基层实际困难和问题的动力和诉求。这导致了一个意外的结果，群众办一些小事却需要县乡多头跑，增加了办事成

① 《习近平在延安干部学院主持召开陕甘宁革命老区脱贫致富座谈会》，转引自《习近平谈政治生态》，载《学习小组》2017 年 3 月 22 日。

本。要建设服务型政府、服务型党组织，必须在县、乡(镇)、村(社区)的服务系统联动上下功夫。迫切需要确立系统思维，实现县、乡(镇)、村(社区)的整体联动，盘活执政资源和制度绩效。首先需要加强基层党组织这个基层治理的领导核心，通过基层党组织建设基层党员群众议事的平台。其次，要在制度机制上创新，打通“最先一公里”，连上“最后一公里”，勇于打破基层治理体系构建中面临的体制性障碍、结构性矛盾和政策性问题。第三，以现实突出问题为抓手，找准关键穴位，不断挖掘群众、党员的内生动力，厘清政党、政府与社会之间的关系。把基层治理的本来面目，把被扭曲了的东西扭回来，将政治生态、经济生态和治理创新结合起来，营造一个真正良性向上的基层大生态。

第六章
谋事要实、创业要实、做人要实

2014年3月9日，习近平总书记在十二届全国人大二次会议安徽代表团参加审议时，发表了关于推进作风建设的讲话，从战略和全局高度，对领导干部作风建设提出了“三严三实”的要求，强调“这是共产党人最基本的政治品格和做人准则，也是党员、干部的修身之本、为政之道、成事之要。”环境越复杂，越要从严治党，越要从严管理干部，做到“为之于未有，治之于未乱”，才能“使我们党永远立于不败之地”。习近平总书记的这些论述，态度之中肯，思想之深刻，言辞之峻切，可谓振聋发聩。

第一节　谋事要实，从实际出发谋划事业和工作

“谋事要实，就是要从实际出发谋划事业和工作，使点子、政策、方案符合实际情况、符合客观规律、符合科学精神，不好高骛远，不脱离实际。”[①] 事物的发展有着自身的规律，有着不以人主观意志为

---

① 习近平：《在参加十二届全国人大二次会议安徽代表团审议时的讲话》（2014年3月9日），载《人民日报》2014年3月10日。

转移的客观性。一旦离开这种客观性，就会陷入空想和失败。人的思想一旦掌握了客观规律，行动遵循客观规律，则可以改变客观世界发展过程，使其朝着人的愿意方向前进。

一、共产党做事最讲认真

“我们共产党人最讲认真，讲认真就是要严字当头，做事不能应付，做人不能对付，而是要把讲认真贯彻到一切工作中去，作风建设如此，党的建设如此，党和国家一切工作都如此。一切何必当真的观念，一切干一下得了的想法，一切得过且过的心态，都是对党和人民事业有大害而无一利的，都是万万要不得的！”[①]在其位，就要谋其政。任何具体的职务，都带有公共性质，一旦工作随意，必然给公众，给他人造成不便，甚至是造成人员和财产的重大损失。就像医生不尽职可以草菅人命，教师不尽职足以误人子弟，军人不尽职可使国破家亡，官员不尽职可以造成“苛政猛于虎”的局面，所以说，作为党员干部都要有一种自觉，尽职尽力的自觉。中国今天所取得的巨大成绩，背后都是一批批认真的人在努力工作的结果。

2017 年 4 月 25 日，中共中央宣传部授予黄大发“时代楷模”荣誉称号，并向全社会公开宣传发布“当代愚公”黄大发的先进事迹。1958 年，担任贵州省遵义市播州区平正仡佬族乡团结村大队长。黔北

---

① 习近平：《在党的群众路线教育实践活动总结大会上的讲话》（2014 年 10 月 8 日），载《人民日报》2014 年 10 月 9 日。

深处，多为喀斯特地质。黄大发居住的地方海拔1250米，山高岩陡，雨水落地，就顺着空洞和石头缝流走，根本留不下来。村里人用水必须去村外挑，最近的水源来回走也得两个小时。因为缺水，当地只能种一些耐旱的玉米苞谷。当地人的主食就是这种以玉米为主的“苞沙饭”。吃前需要先把玉米粒炒熟去皮再磨成粉，然后蒸熟。这种主食，非常难以下咽。解决温饱问题，就一直是村里的头等大事。黄大发是个孤儿，吃百家饭长大，对于贫穷有刻骨铭心的体会。因此，对于摆脱贫困，他有着比别人更强的决心。

“穷就穷在水上，一定要想法通上水，让大家吃上米饭。”当选草王坝大队大队长时，黄大发下定决心，决定改变现状。离草王坝村不远的地方是螺丝水河，但是却被几座大山隔断。黄大发就向公社提议修一条水渠，但是必须打通一条长116米的隧道。按当时的技术条件，公社认为难度太大行不通。黄大发就决定自己带人动手。从20世纪60年代开始修挖水渠，几年之后，用农村土办法竟然打通了。不过，用黄泥巴敷成的渠壁难经风雨，水渠修修补补十几年，没法再用，在20世纪70年代被废弃。

但是，黄大发没有放弃。1976年，遵义县水电局干部黄著文来到草王坝调研，住在黄大发家里。黄大发向黄著文表明了修渠的决心。1990年腊月，黄大发再次找到黄著文，递上了修渠申请。“我走了两天到县里，就是要找你。我要修螺丝河工程，想请你帮助立项。”“我是村支书，有责任修通水渠，解决村里人畜饮水，不然贫困老是改变不了。”“我要实现通水愿望，这一次，拼了命也要干。”……

1992年正月，正式开工。“干部干，群众看”“党员带起头，大家一起干”，这是黄大发经常挂在嘴边的话。从材料运输到实地施工，年近6旬的黄大发总是冲在最前面。修建水渠要经过3座大山、大小9个悬崖、10多处峻岭，大土湾岩、擦耳岩和灰洞岩最为险要，要从悬崖峭壁上打出半幅隧道才能通过。经过2年多的奋战，水渠的主渠贯通。清凌凌的水，第一次满满当当地流进了草王坝村，流进了全村人的心里。再经过1年多的修缮，到1995年，一条跨3个村、10余个村民组，主渠长7200米、支渠长2200米的水渠终于完工。黄大发一直是村里的主心骨，这条渠也被群众命名为“大发渠”。黄著文说：“即使用现在的眼光看，这水渠仍是工程奇迹。”水通之后，黄大发又带领全村“坡改梯”改造水田，修村路，架电线，建学校、建产业等等。草王坝每年粮食产量从原来的6万斤增加到近百万斤，老百姓的生活越过越好，还出了20多位大学生。

黄大发用实际行动践行了新时代愚公移山精神，用他自己的话来说：“党组织信任我，把草王坝村交给了我，现在，渠通了，电通了，路也通了，我交上答卷了。”[①] 这就是一个共产党员的情怀，这就是中国共产党党员做事最讲认真的最佳注解。

---

① 《遵义老支书黄大发：绝壁凿“天渠”壮志凌山河》，新华网，2017年4月18日。

二、干在实处永无止境

2015年，习近平总书记两次到浙江调研，强调“干在实处永无止境，走在前列要谋新篇。”提出“在提高全面建成小康社会水平上更进一步，在推进改革开放和社会主义现代化建设中更快一步，继续发挥先行和示范作用”的明确要求。[①]2015年，全省经济加快进入“增长中高速、质量中高端”的轨道，文化、政治、法治、民生等各项民生保障水平继续走在全国各省区前列。

这个成绩来之不易。新常态下面临着诸多挑战，全国面对国际金融危机冲击、宏观经济下行压力、“三期叠加”阵痛等问题在浙江一点没少，特别是国际市场需求走低，对出口导向的产业链造成了很大压力，同时要素成本上升，环境压力加大，传统增长动力减弱，一些企业的风险开始暴露……浙江经济增速从两位数回落到个位数。浙江省委在“四个全面”战略布局指引下，积极践行五大发展理念，制定了浙江特色的“八八战略”。从“五水共治”开始，浙江实施了非常严格的环保标准，单单钱塘江流域就关闭了污染企业近千家，到2015年岁末，钱塘江成为全省八大水系中第一个全面消除劣五类和五类水。一江清水引来娃哈哈、均瑶、伊利等饮料企业落户，走出一条“绿水青山就是金山银山”的阳关大道。从“千村示范、万村整治”到美丽乡村“四级联创”，农村电商、休闲农业、乡村旅游、养生养老、文

① 习近平：《干在实处永无止境 走在前列要谋新篇》，新华网·手机看新闻，2015年5月27日。

化创意、社区服务等“美丽业态”风生水起。

在从严治党方面，着力打造敢担当、重实干、有作为的干部队伍。围绕国家干部任用条例，浙江省出台《关于激励干部干事创业治理为官不为的若干意见》，动真格，下大决心整治不作为、慢作为、乱作为。2016年一年，“全省纪检监察机关共受理信访举报67894件（次），立案13572件，结案13276件，给予党纪政纪处分13294人，其中处分地（厅）级领导干部17人，县（处）级领导干部234人，涉嫌犯罪被移送司法机关处理698人。”[①] 全面实行省市县乡书记任期内“四个走遍”，要求各级干部眼睛向下、深入基层，促进各级党员干部联系群众在“密切”上下功夫、见行动。

不独“五水共治”“一打三整治”，“四换三名”“三改一拆”“四边三化”——都是盯着不放松，狠抓长抓实抓，不见实效不撒手。31项重点突破改革项目、232项重点改革任务……2015年，全省各项改革举措一锹一镐、一砖一瓦地扎实推进，落地生根。2015年，全省各类市场主体达471万户，比上年增长12%。“以创新为引领，一个奠定浙江未来发展基础的产业新体系正在形成。信息、健康、环保、旅游、时尚、金融、高端装备制造等七大万亿产业顶天立地，互联网经济、城市经济等新经济、新业态蓬勃兴起。”[②]

干在实处永无止境，党员干部特别是各级领导干部要出实策、鼓实劲、办实事，不图虚名，不务虚功，胸怀大局，全心为民，以身作

① 《铭记使命再争先》，载《浙江日报》2016年1月20日。
② 《铭记使命再争先》，载《浙江日报》2016年1月20日。

则带领群众把各项工作落到实处。

三、不能拍脑袋决策

2013年6月18日，习近平总书记在党的群众路线教育实践活动工作会议上的讲话中深刻指出：“官僚主义方面，主要是脱离实际、脱离群众，高高在上、漠视现实，唯我独尊、自我膨胀。有的不顾地方实际和群众意愿，喜欢拍脑袋决策、拍胸脯表态，盲目铺摊子、上项目，最后拍屁股走人，留下一堆后遗症。有的对上吹吹拍拍、曲意逢迎，对下吆五喝六、横眉竖目，门难进、脸难看、事难办，甚至不给钱不办事，收了钱乱办事。有的官气十足、独断专行，老子天下第一，一切都要自己说了算，拒绝批评帮助，容不下他人，听不得不同意见。”“拍脑袋决策”仅凭主观决策、出主意，随意性强，拿权力当儿戏，属于一种低水平决策，甚至是胡乱决策，造成资源的极大浪费。

“拍脑袋决策”的危害性并不亚于贪污腐败的危害。特别是随意决策导致战略性失误，甚至颠覆性失误，将导致难以挽回的损失。然而，偏偏有不少领导干部又“好这口”，像“打不死的小强”，报之于世屡见不鲜。一是一些领导难掩政绩冲动。以上大项目、大上项目，出“显绩”和政绩，增加升迁的“砝码”。二是大项目给官员提供了“捞油水”的机会。2006年启用的湖南省娄底市政府办公楼，主体建筑占地247亩，造价5亿多元。2007年7月，该工程因财务管理混乱立案调查，涉案金额2000多万元，涉及厅级官员2人，处级官员5人。

三是问责机制不够。决策失误的最终“买单人”还是“纳税人”。翻阅前些年，中国的短命建筑一串串，南昌著名地标五湖大酒店存活仅13年，沈阳绿岛体育中心寿命不到10年，武汉沌阳高架桥最长寿命16年，环球西安中心金花办公大楼尚未投用即宣告“死亡”……据统计，“十二五”期间，“短命建筑”每年导致的浪费就高达4600亿元。

2014年7月，中央纪委机关、中央组织部、中央编办、监察部、人力资源和社会保障部、审计署、国资委联合印发了《党政主要领导干部和国有企业领导人员经济责任审计规定实施细则》，《细则》的出台，主要是避免领导干部“拍脑袋决策，拍屁股走人”。领导“拍脑袋决策”须由自己背书，损害国家和社会利益的决策都要为自己的失误“买单”。经济审计追责实行终身制。

防止“拍脑袋决策”，还需要做到科学决策和民主决策。现代社会治理也好，经济决策也好，专业性都非常强。在涉及重大战略问题的决策时，必须要借助专业性的力量，进行全面科学论证。力避主观臆断，行政手段硬推。正如习近平总书记强调的，“两院要组织广大院士，围绕事关经济社会及科技发展的全局性问题，开展战略咨询研究，以科学咨询支撑科学决策，以科学决策引领科学发展。”[①]另一方面，科学决策的过程中，也要十分关注民意的走向，要发扬民主，集思广益。“在人民内部各方面广泛商量的过程，就是发扬民主、集思广益的过程，就是统一思想、凝聚共识的过程，就是科学决策、民主决策的过程，

---

① 习近平：《在中国科学院第十七次院士大会、中国工程院第十二次院士大会上的讲话》（2014年6月9日），载《人民日报》2014年6月10日。

就是实现人民当家作主的过程。”[①]通过完善重大决策的规则和程序，通过多种渠道和形式广泛集中民智，使决策真正建立在科学、民主的基础之上，避免领导“拍脑袋决策”。

政务公开，确保决策科学。政务公开，作为现代化、法制化政府的基本特征之一，不仅能够将公权力置于阳光下，还可提升社会治理能力，维护与保障政府公信力和执行力。中办、国办于2016年2月印发的《关于全面推进政务公开工作的意见》要求，要“制度化、标准化地实现权力运行全流程以及政务服务全过程的公开”，其中就明确了推进政府信息主动公开基本目录建设，进一步明确重点领域、重点行业公开的主体、内容、时限、方式等，提升主动公开的规范化水平。2017年5月，国务院办公厅公开发布《开展基层政务公开标准化规范化试点工作方案》（下称《方案》），旨在对党的十八届四中全会部署 “五公开”（推进决策、执行、管理、服务、结果公开）进行落实，加快建设法治政府、服务型政府。《方案》给予基层政务公开“提高行政效能，加快建设法治政府、服务型政府”的准确定位，全方位推进政务公开落地，是助力科学决策的关键所在。开展基层政务公开标准化、规范化试点，以深化基层政务公开，提高行政效能，为尽快解决政务公开标准化、规范化的难题提供了遵循。基层政务公开作为与民众和企业关系最为密切的公开内容，一直被视为政务公开工作的重点和难点，以至于坊间多以“跑断腿、磨破嘴，办事难、办证多”

① 习近平：《在庆祝中国人民政治协商会议成立65周年大会上的讲话》（2014年9月21日），载《人民日报》2014年9月22日。

等对基层政务公开冠以“最后一公里”难畅通的评价。《方案》提出，到 2018 年底前，总结试点经验做法，形成基层政务公开标准和规范，为在全国全面推行奠定基础。试点范围覆盖北京市、安徽省、陕西省等 15 个省（区、市）的 100 个县（市、区），在试点期间肩负起以下四项重点任务，一是梳理政务公开事项，二是编制政务公开事项标准，三是规范政务公开工作流程，四是完善政务公开方式。根本目的就是要推进政府信息主动公开基本目录建设，提升主动公开的规范化水平。一旦我国能够在政府施政且能够确保政务信息加以公开的领域，拥有一套清晰、明了、科学、规范且可操作的制度机制，不仅能够将政府公权力切实置于阳光之下接受舆论监督，对于政务公开本身而言，也将从此逾越无章可循的尴尬状态。标准化、规范化的政务公开将作为一种制度安排和机制，覆盖全国各级行政职能部门，其目的就是要确保政务公开有章可循，从而更好地厘清政府和市场的权力边界，并解决好如何将权力置于阳光之下、减少行政寻租空间、激活市场活力的难题。

第二节　创业要实，脚踏实地、真抓实干

“创业要实，就是要脚踏实地、真抓实干，敢于担当责任，勇于直面矛盾，善于解决问题，努力创造经得起实践、人民、历史检验的

实绩。”[①] 中国现代化建设是一个伟大的创业过程，而且这个伟大事业属于每一个中国人。投身于这个复兴伟业的时代潮流，每个党员干部都要有主人翁的心态和意识，脚踏实地，真抓实干。

一、做发展的开路人

2014 年 5 月在河南考察时，习近平总书记指出：“我国发展仍处于重要战略机遇期，我们要增强信心，从当前我国经济发展的阶段性特征出发，适应新常态，保持战略上的平常心态。”[②]“新”在哪，“常”在哪？经济增速面临换挡，从高速转入中速。经济结构面临调整，供给侧改革势在必行。增速换挡期、转型阵痛期和改革攻坚期“三期叠加”给各方面工作带来了很大的压力。“四个全面”战略布局全面铺开，中国正处在一个时代转型的拐点处，我们每一个人都处于时代的中心。我们现在的工作，是具有开创性的，对未来的影响是非常深远的。明了身上的责任，就知道了眼前工作的伟大意义和前景。一句话，我们要做好发展的开路人。正如习近平总书记强调的，“是要做发展的开路人……要适应和引领经济发展新常态，把握和顺应深化改革新进程，回应人民群众新期待，坚持从实际出发，带领群众一起做好经济社会发展工作，特别是要打好扶贫开发攻坚战，让老百姓生活越来越好，

---

① 习近平：《在参加十二届全国人大二次会议安徽代表团审议时的讲话》（2014 年 3 月 9 日），载《人民日报》2014 年 3 月 10 日。

② 王敬文：《习近平“新常态”表述 “新”在哪里？“常”在何处？》，中国经济网，2014 年 8 月 10 日。

真正做到为官一任，造福一方。”[①]然而，现实中却总有些干部目光短浅，心存私念，不作为，甚至乱作为，沦为国家创业发展的障碍。

2017年7月20日晚，《新闻联播》用了近5分钟的时间，播出了中央关于甘肃祁连山国家级自然保护区生态环境问题的调查和处理通报。7月21日，《人民日报》头版发表评论员文章《扛起生态文明建设的政治责任》。祁连山是我国西部重要生态安全屏障，是黄河流域重要水源产流地，是我国生物多样性保护优先区域，国家早在1988年就批准设立了甘肃祁连山国家级自然保护区。然而长期以来，祁连山局部生态破坏问题十分突出。2017年2月12日至3月3日，中央督查组展开专项督查后发现，问题主要有：一是违法违规开发矿产资源问题严重，造成保护区局部植被破坏、水土流失、地表塌陷。二是流域高强度开发水电项目，位于保护区内有42座，水生态系统遭到严重破坏。三是周边企业偷排偷放问题突出，对河流土地的污染相当严重。四是生态环境突出问题整改不力，2015年9月，国家相关部门对甘肃省林业厅、张掖市政府进行公开约谈，甘肃省没有引起足够重视，截至2016年底仍有72处生产设施未按要求清理到位。2016年5月，甘肃省曾经组织对祁连山生态环境问题整治情况开展督查，形成督查报告后就不了了之。

这一系列问题的根源在于，甘肃有关省直部门和市县在贯彻落实党中央决策部署上作选择、搞变通、打折扣。省国土资源厅在2014

① 习近平：《在会见全国优秀县委书记时的讲话》（2015年6月30日），载《人民日报》2015年7月1日。

年10月国务院批复甘肃祁连山国家级自然保护区划界后，仍违法违规延续、变更或审批14宗矿权，性质恶劣。而且，立法层面为破坏生态行为“放水”。甘肃省制定的《甘肃祁连山国家级自然保护区管理条例》等法规，与国家相关法规不一致。最为严重的是，各级官员不作为、乱作为，监管层层失守。在祁连山生态环境保护方面，甘肃省从主管部门到保护区管理部门，从综合管理部门到具体审批单位，责任不落实、履职不到位问题比较突出，以致一些违法违规项目畅通无阻，自然保护区管理有关规定名存实亡。

为严肃法纪，根据国家有关规定，按照党政同责、一岗双责、终身追责、权责一致的原则，对相关责任单位和责任人进行了严肃问责，并通报全国。要求各地区各部门要进一步转变作风，勇于担当、真抓实干，一件一件抓整改，不彻底解决决不松手，务求取得实实在在的效果。要求我们要转变发展理念，不要像“追鹿的猎人看不到山，打鱼的渔夫看不见海”一样，片面追求GDP。“绿水青山就是金山银山”，这是发展理念和发展方式的深刻变革。各级党员干部，要把绿色发展理念贯彻到实处，使良好生态环境成为经济增长、人民生活质量的增长点，做好创业发展的开路人。

二、做群众的贴心人

“要做群众的贴心人。全心全意为人民服务是我们党的根本宗旨。县委书记直接面对基层群众，必须坚持全心全意为人民服务的根本宗旨，自觉贯彻党的群众路线，心系群众、为民造福。希望大家心中始终装着老百姓，先天下之忧而忧，后天下之乐而乐，真正做到心系群众、热爱群众、服务群众。”[①] 人心是最大的政治。为民服务是好干部的底色，也是共产党人最响亮的政治宣言。心系群众，就要落到为民造福上来。想群众之所想，急群众之所急，把群众呼声、群众需求作为干事创业的第一信号，把群众满意不满意作为工作的价值目标，把事情办到群众心坎上。把自己变成为群众办难事解难事的“靠山”，使自己成为群众的“贴心人”。

拔出穷根富乡民。安徽省怀远县古城镇五郢村，是个远近闻名的省级贫困村，路、渠、电等生产生活基础设施薄弱，无主导产业，村集体经济收入空白，种植结构和收入来源单一，群众发展能力不强，因病因残致贫及丧失劳动力现象较为普遍。这个村的命运，在 2014 年因为一个人的到来，迎来了重大的转机。这个人就是省环保厅主任科员秦朝俊，作为下派到五郢村党支部的第一书记，背景就是国家精准扶贫战略全面实施，其职责使命即是要解决这个贫困村的发展问题。

建组织强队伍化难题。秦朝俊来到村里后，就住进了村里简陋的瓦房，和村民吃住劳动在一起，很快就熟悉了情况，找准了方向。首先是整治村两委班子，立规矩强素质，转思想变作风。在秦朝俊的带领下，形成了一系列的做法，工作清单制度、为民服务“125”工作法、建立分片负责和定期走访党员群众制度、村级重大事项“四议两公开”、

① 习近平：《在会见全国优秀县委书记时的讲话》（2015 年 6 月 30 日），载《人民日报》2015 年 7 月 1 日。

村干部工作“日志式”管理等规章制度，在五郢村得到了很好的规范和执行。天天有人值班，第一时间掌握并帮助群众解决生产生活上的实际困难，慢慢地村党组织领导核心地位有了提升。特别是随着村全面建设的整体进步，党务公开、村务公开，村民的积极性逐步调动起来，热情地参与到村里重大事项的决策、实施和监督中。党支部真正成为基层第一线的核心力量，带领全村脱贫攻坚的主心骨。

大力改善村里的基础设施。针对村民出行难、用电难、灌溉难等群众反映强烈的问题，秦朝俊多方求援，逐个进行了化解。争取供电部门投资70余万元，改造村里电网，彻底解决了村民的用电难问题。修建村里外通水泥路7公里，村内主干道全部硬化，极大改善了村民的出行问题。后来又争取到水利部门60余万元，对近2公里长的主灌溉渠进行清淤硬化，改善了两千多亩水稻的灌溉问题。新建了384平方米的五郢村村级组织活动场所，并同步建设800余平方米的村文化广场。

引产业外援改变村里经济结构。真正的致富，必须要找到经济收入源。稳定的收入源，最好的方法，是落实上级“一村一品”的思路，发展并形成自己的特色产业。依据本村的具体实际，秦朝俊引进了安徽本立生态农业有限公司，在村里投资200余万元，建设了200亩的蓝莓种植基地。又帮助有一技之长的致富能人，建设20亩鲜花种植基地。后来，又争取扶贫资金48万元发展大棚产业，培养致富带头人。针对丧失劳动力的贫困户，争取到投资96万元，建成一座村级电站。积极联系社会慈善机构，对20户贫困学生家庭开展贫困生教育资助。

2016年，五郢村又被列为该年度市级美丽乡村建设项目。

针对贫困户需求，危房改造、培训就业等扶持、低保、优抚优待、残疾人补助、养老服务补贴、高龄补贴、残疾人护理补贴等措施，正一件一件地落到实处，“穷根”也一条一条被拔除。短短两三年的时间，五郢村的基础设施、村容村貌、干部状态、群众思想发生了翻天覆地的变化。该村党支部先后获得了“红旗村”党组织、先进基层党支部等荣誉，秦朝俊被省政府授予“全省社会扶贫先进个人”称号，被怀远县委授予“优秀党员”称号。对此，秦朝俊的心得体会是“开展精准扶贫工作，就要用心，用情，用力，当好贫困群众脱贫的‘助推器’和‘催化剂’，帮在心坎上，扶在关键处。”[①]用心用力，实实在在创业，给百姓带来实实在在的利益，才能称得上是百姓的贴心人。

三、当改革的实干家

“各地区各部门要牢固树立全局意识、责任意识，把抓改革作为一项重大政治责任，坚定改革决心和信心，增强推进改革的思想自觉和行动自觉，既当改革促进派，又当改革实干家，以钉钉子精神抓好改革落实，扭住关键、精准发力，敢于啃硬骨头，盯着抓、反复抓，直到抓出成效。”[②]习近平总书记在多个场合多次强调要“当改革的实干家”。中国的改革已经进入深水区、攻坚期，面对的“硬骨头”

① 《秦朝俊：拔出穷根富乡民》，怀远生活圈，2016年11月3日。

② 《习近平：坚定改革决心和信心，既当促进派又当实干家》，央视网，2016年2月23日。

不仅难啃，而且面临的风险也在增加。改革改到深处，实质上就是利益调整的问题，必然要触动固有的利益格局，必然要打破利益固化的藩篱。然而，“触动利益往往比触及灵魂还难”。各级党员干部，不仅需要胆识智慧，鼓劲加油，做改革的促进派，更需要在改革中动真碰硬，抓出成效，做改革的实干家。“带领人民创造美好生活，是我们党始终不渝的奋斗目标。必须始终把人民利益摆在至高无上的地位，让改革发展成果更多更公平惠及全体人民，朝着实现全体人民共同富裕不断迈进。”

改革是一场革命。“改革是一场革命，改的是体制机制，动的是既得利益，不真刀真枪干是不行的。”[①] 改革的决心和信心，要真刀真枪来检验，不能只表态不表率，不能只说不做，不能说得多做得少，而是言必行，行必果。以央企负责人薪酬改革为例。曾经有的央企负责人，不仅领着高薪，还有着比较高的行政级别。有的高管拿着数百万的年薪，还有巨额职务消费，而且与企业的利润不成正向关联。有的企业实绩下降，负责人的薪酬却反而升高。国企负责人掌握着众多资源，监管体制不够完善。这种现状一度饱受争议，要改革，就要动“奶酪”。中央深化改革领导小组下决心啃下这块“硬骨头”，2014 年审议了央企负责人薪酬制度改革方案，并进行了广泛的调研。通过反复论证，形成了《中央管理企业负责人薪酬制度改革方案》。该方案于 2014 年 8 月 29 日，在中共中央政治局会议上审议通过。2015 年年初开始实施。从此之后，中央管理企业负责人的薪酬信息参

① 习近平：《在中央全面深化改革领导小组第二十五次会议上的讲话》（2016 年 6 月 27 日），人民网，2016 年 6 月 28 日。

照上市公司信息披露并向社会公开，形成双重机制。同时，这次方案还透露了出资人与管理人分开管理、开门办国企的思路。立足大改革、大方向，落点很实，又很准，力度空前。稳、准、狠！这就是中央深化改革领导小组啃“硬骨头”的作风，敢于亮剑、直面难题、火力强大。从央企负责人薪酬，到规范领导干部配偶子女经商，从财税体制、土地流转，再到户籍制度、足球改革，这些改革中没有一项改革是轻松容易的事。

汇聚实干的力量。各级领导，要勇于挑最重的担子、啃最硬的骨头。还需要激活和集聚各方面的改革力量，把各级组织的力量用起来，众人拾柴火焰高。这里面，最为关键的是，要把人选好用好，把改革促进派和实干家推到改革决策和执行岗位上。只有把改革促进派和实干家选出来、用起来，给肯改革的人以机会、给会改革的人以舞台，才能真正汇聚起强大的改革实干的力量。同时，还要营造鼓励改革促进派和实干家的良好氛围，为敢于担当者担当、为敢于负责者负责，允许出现改革失误，但绝不允许不改革。从这个意义上讲，选好用好改革促进派和实干家，本身就是一项艰巨的改革。

第三节　做人要实，对党、对人民、对同志忠诚老实

“做人要实，就是要对党、对组织、对人民、对同志忠诚老实，做老实人、说老实话、干老实事，襟怀坦白，公道正派。要发扬钉钉

子精神，保持力度、保持韧劲，善始善终、善作善成，不断取得作风建设新成效。”[①] 党员干部要把改进作风与加强党性修养结合起来，自觉讲诚信，言行一致，心存敬畏，做到台上台下一个样，做到人前人后一个样，努力成为一个大家信得过的好人。

一、内心装一把党性的尺子

牢记和践行入党誓言。每一个党员都曾面对党旗宣誓：“我志愿加入中国共产党，拥护党的纲领，遵守党的章程，履行党员义务，执行党的决定，严守党的纪律，保守党的秘密，对党忠诚，积极工作，为共产主义奋斗终身，随时准备为党和人民牺牲一切，永不叛党。”这些誓词，要时常温习，并加以对照自己的言行，每日三省，查找自己的问题，努力不断地改进。党员在群众中，要有所不一样，要成为群众的模范。群众从党员干部的身上，要能感受到正能量，使他们更加敬重我们党、信仰我们党。

领导干部，在有一定权力之后，如果对自己要求不严，则很容易特殊化。想当年，焦裕禄在任县委书记时，因为连年的灾害，肉蛋副食供给已经很吃力。这时，县委办公室的一位同志登门拜访焦裕禄，提来几斤猪肉，并讲道：“要过年了，书记们工作忙，顾不上打肉，这是特意照顾几个领导同志的。”焦裕禄问他：“人人都有份吗？”

① 习近平：《在参加十二届全国人大二次会议安徽代表团审议时的讲话》（2014年3月9日），人民网，2014年3月10日。

这位同志笑而不答。焦裕禄说："谢谢了，我家的肉已经买好了。请你把肉提回去，看办公室还有谁没买，这肉就照顾谁吧。"还专门叮嘱这位同志："以后可不要再单独照顾领导了。"这事虽小，但却体现了焦裕禄的大公无私，公私分明，先公后私，公而忘私的情怀。焦裕禄给其他党员干部树立了良好形象，通过言行给兰考树立了良好的风向标。

作风问题本质上是党性问题。2014 年 3 月，习近平总书记在河南省兰考县调研指导党的群众路线教育实践活动时，强调"作风问题本质上是党性问题。抓作风建设，就要返璞归真、固本培元，重点突出坚定理想信念、践行根本宗旨、加强道德修养。"[①] 在加强党性修养时，要把握几个关系或要点。首先是要正确认识和处理人际关系。党性修养与道德修养相比，党性修养需要讲党的原则，按党的规矩做人办事。但是，原则就是人情的对立面。原则就本质而言，属于大人情，讲党性原则，则是要照顾到全体人民的根本利益。原则需要人情来滋润，党员讲原则并不是说，说话做事直来直去，不讲艺术，不讲实效，恰恰相反，需要用浓浓的人情味来落实原则。这里需要把握的关键就是，党员干部的人情味，不是为了一己私利的人情，而是对公家对群众的深厚感情。当个人利益同党性原则、私人关系同人民利益相抵触时，必须毫不犹豫站稳党性立场，坚定不移维护人民利益。其次是下决心减少应酬。曾几何时，在"四风之害"的侵蚀下，多少干部整天忙于

① 习近平：《在河南省兰考县调研指导党的群众路线教育实践活动时的讲话》（2014 年 3 月 17 日至 18 日），人民网，2014 年 3 月 19 日。

应酬。在迎来送往中，耗费了大量的人力物力。在应酬方面花的时间精力多了，在工作学习上花的时间自然就少了。因此，作为新时期的党员干部，必须保持健康的工作方式和生活方式，把更多的时间和精力，用来学习充电、消化政策，用来下基层调查研究、掌握第一手情况，用来系统思考和解决存在的突出问题。自觉净化自己的交往圈，自觉远离那些庸俗的关系，给自己留下一片晴空，给自己留下一片净土。三是实实在在做人做事。“磨刀不误砍柴工。”实实在在做人做事，除了有利于事情的完成之外，还有一个重要的成果，就是对能力素质的磨炼和提升。实实在在做人做事，练就的是堂堂正正、光明磊落的气度，培养的是敢于担当责任、勇于直面矛盾的胆识，提高的是善于分析和解决问题的能力。而搞“假大空”，炼出来的自然是造假作弊的能力。而这种能力再强，也终经不过群众、实践、历史的层层检验。自身的命运也将会被这种能力反噬。四是慎独慎初慎微。“奢靡之始，危亡之渐”，参天大树由根生，万丈高楼平地起。党员干部要对一切腐蚀诱惑保持高度警惕，做到防微杜渐。

内心要有党性的标尺。2014 年 1 月 14 日，习近平总书记在十八届中央纪委三次全会上的讲话中强调，“作为党的干部，就是要讲大公无私、公私分明、先公后私、公而忘私，只有一心为公、事事出于公心，才能坦荡做人、谨慎用权，才能光明正大、堂堂正正。作风问题都与公私问题有联系，都与公款、公权有关系。公款姓公，一分一厘都不能乱花；公权为民，一丝一毫都不能私用。领导干部必须时刻清楚这一点，做到公私分明、克己奉公、严格自律。”[①] 总书记所强调的这些要求，就是作为一名共产党员的具体标准。这些标准内化于心之后，就成了党员干部的党性标尺，言行的基本规范和遵循。

二、用道德的力量赢得民心

2014 年 5 月，习近平总书记在河南考察时，强调党员干部要“努力以道德的力量去赢得人心、赢得事业成就。”[②] 孔子曰：为政以德，譬如北辰，居其所而众星拱之。德是一种非权力性影响力，是一种离人心更近的影响力。离德必离心，离心必众散。合德则同心，同心则力强。道德的力量，也常称为人格魅力。焦裕禄的坚守、执着与奉献，对社会散发出巨大的人格魅力，对身边的人产生着强大的激励作用，甚至穿越时空，激励着一代一代的共产党人。当年他在兰考时写下：“兰考人民多奇志，敢教日月换新天。”正是他的模范作用，支撑起他语言的魅力。语言的伟力又提升其道德影响力。正是他的言与行，散发出来的道德力量，感召了兰考人民的“奇志”，激发出了斗天斗地的勇气和力量。他的事迹不仅感动了兰考人民，还感动着大量的中国人。当年一位初中生，30 年之后，他还念念不忘地写下了“思君夜夜，肝胆长如洗。”这就是道德的力量，也称为人格的魅力。关于人格的魅

① 习近平:《在十八届中央纪委三次全会上的讲话》(2014 年 1 月 14 日)，人民网，2014 年 1 月 15 日

② 慎海雄：《以道德的力量赢得人心赢得事业》，载《光明日报》2014 年 5 月 26 日。

力，早在2005年，时任浙江省委书记的习近平就发表过一篇名为《要用人格魅力管好自己》的文章。文中提出，“人格魅力是领导干部人品、气质、能力的综合反映，也是党的干部所应具备的公正无私、以身作则、言行一致优良品质的外在表现”。

领导干部要做道德模范。党风、政风，对民风的影响非常大，对社会风气也有着巨大的影响力。政治腐化，官场风气败坏，必然会毒化整个社会的风尚，破坏社会的组织，同时也削弱政府的号召力和影响力。古人言：“举秀才，不知书；察孝廉，父别居；寒素清白浊如泥，高第良将怯如鸡。”官场的腐败，统治阶层道德滑坡，意味着旧时社会的混乱与黑暗，也意味着虚伪腐化毒化了社会人心。显而易见，如果一个地方的领导干部以权谋私、任人唯亲，必然让钻营取巧、溜须拍马之人兴起占上位，贤明之士则会受到排挤，一种逆淘汰就会出现。中国共产党之所以能在贫困偏远之地发展成长起来，把全国人民的力量都聚集起来，其根基就在于共产党拥有强大道德优势。邓小平同志说：“党是整个社会的表率，党的各级领导干部又是全党的表率。”“领导干部，特别是高级干部以身作则非常重要。群众对干部总是要听其言、观其行的。”习近平总书记在纪念邓小平同志诞辰110周年座谈会上的讲话中，也强调：“共产党人拥有人格力量，才能无愧于自己的称号，才能赢得人民赞誉。我们要学习邓小平同志公而忘私、无私无畏的博大胸怀，加强党性修养，严于律己、宽以待人，正确对待组织，正确对待同志，正确对待自己，正确对待权力，积极践行社会主义核心价值观，为党和人民事业赤诚奉献，以身作则推动营造风清气正的党风、政风和社会风气。”[①]张思德、雷锋、焦裕禄、孔繁森、任长霞、杨善洲、李林森……党的先进分子用自己的崇高道德品质在不同时代树立了一个个标杆，成为几代中国人的道德模范，是正确世界观、人生观、价值观最有效的传播载体，为我们的精神家园提供了宝贵的源头活水，是为国家的建设发展不可或缺的精神动力。

要以道德力量示范于民，引领社会风尚。群众对党的看法，是由对领导干部个体的看法汇集起来的。领导干部品德不良的危害远远大于普通人的失德，容易引发社会风气的败坏和人心的涣散。相反，今天我们的领导干部带头践行社会主义核心价值体系，做社会主义思想道德的自觉遵守者、示范引领者和坚定维护者，是最好的道德引导、道德宣传和道德教育。干部勤政爱民，则爱岗敬业、甘于奉献者众；干部求真务实，则脚踏实地、积极肯干者众；领导清正廉洁，则诚实守信、严格自律者众。“君子之德风，小人之德草，草上之风必偃”，领导干部道德失范对于群众的负面影响力也是巨大的。领导干部作风散漫、怠惰无为，群众就思想松懈、得过且过；领导干部贪污腐化、违纪违法，群众就失去信心、丧失动力。我们强调领导干部加强道德建设，就是让领导干部当好风向标、火车头，在社会公德、职业道德、家庭美德、个人品德等各个方面发挥示范作用，让广大群众自觉自愿地跟进和学习，引领社会风尚，推动工作进步。

道德之力要靠“修”。人非圣贤，谁能无过。关键是要做到知错能改，

① 习近平：《在纪念邓小平同志诞辰110周年座谈会上的讲话》（2014年8月20日），载《人民日报》2014年8月21日。

“知错改错，善莫大焉”。在长期的实践中，坚持知错改错，不断地修身养性，道德境界自然也就会慢慢提高。任何功利的想法，任何一劳永逸的念头，都是错误的，都有悖于道德力量的生成规律。修德，要从大处着眼，更要从小处着手。“勿以恶小而为之，勿以善小而不为”，从小节细节开始修行，一点一点积累，久久为功。具体而言，首先要自觉从中华优秀传统文化中汲取营养。“国之本在家，家之本在身。”“正心以为本，修身以为基。”“欲修其身者，先正其心。”这些思想，散见于各种文化典籍，名言警句，融于我们每个人的血脉之中，共同建构了自强不息、厚德载物的中国人品质。二是老老实实向人民群众学习。人民群众是历史的主体，也是中华文化的主体，也是这些品德的载体。中国人的品质，在英雄人物身上有体现，在人民群众中更有体现。人民群众作为一个整体时，其集体心理即表现为文化价值。人民群众作为个体而言，有着诸多丰富生动的道德资源，有着中华美德丰富的载体。向人民群众学习，才能从深度广度上来体认美德的魅力。第三，时时处处见贤思齐。鲁迅曾说：“中国自古以来，就有埋头苦干的人，就有拼命硬干的人，就有为民请命的人，就有舍身求法的人……他们是中国的脊梁。”任何时候都有蛮拼的人，这些人都是我们学习的榜样。更何况，“三人行必有我师焉”，只要善于学习，从谁身上都可以学到一些东西。正所谓，“见贤思齐焉，见不贤而内自省”，万事万物皆备于我。对于道德修行而言，见贤思齐的效果要来得最好。长期的学习，犹如潜意识的心理暗示法，思多了，自然就模仿了。在党的十九大报告中，习近平总书记特别强调要成为

“民族脊梁”。作为党员干部，一定要理解其中深意。第四，要以严格标准加强自律、接受他律。道德品质的修炼，单靠自律是不够的，还需要配合他律。在自律时，单靠主观意愿是不够的，还需要有具体的标准来规范。特别是作为共产党员，道德的修炼不再是个人的私事，而是事关国家民族伟业，党的执政效果等大事。党组织也有成体系的行为规范和道德要求，共产党都必须严格地按照这些规范和要求，来加强自己的道德修行。通过这些方面的努力，才可能“修成正果”，成为一名优秀的中国共产党，成为国家、民族先锋队的一员。

三、做一个诚实守信的人

诚信是官德之基。2016 年 1 月，习近平总书记在第十八届中央纪律检查委员会第六次全体会议上的讲话，关于诚信问题，有过一段非常深刻的话：“我说过‘两面人’的问题，大量案件表明，党内有一些人在这方面问题很突出。有的修身不真修、信仰不真信，很会伪装，喜欢表演作秀，表里不一、欺上瞒下，说一套、做一套，台上一套、台下一套，当面一套、背后一套，手腕高得很；有的公开场合要党员、干部坚定理想信念，背地里自己不敬苍生敬鬼神，笃信风水、迷信‘大师’；有的口头上表态坚定不移反腐败，背地里对涉及领导干部的问题线索不追问、不报告；有的张口‘廉洁’、闭口‘清正’，私底下却疯狂敛财。这种口是心非的‘两面人’，对党和人民事业危害很大，必须及时把他们辨别出来、清除出去。”[①] 这段话用词之深刻，语气之厚重，话锋之犀利，足见习近平总书记对于这类人的痛恨之深，以及面对清除这类恶人的勇毅担当。这段话，其实也说出了众多百姓的心声，可谓大快人心。十八大之后，抓住的一批批贪官，有很多都有“两面人”的特点，诚信缺失，双重人格、“两张面孔”，说一套、做一套。台上讲理想信念，台下搞以权谋私；人前讲清正廉洁，背后却能捞则捞，甚至放纵私欲、恣意妄为。不少贪官落马后，所暴露的问题之多，使很多人大呼“毁三观”。官员一旦堕落成两面人，影响极为恶劣。整个政府的权威，国家的凝聚力，这些“关键少数”起着关键性的作用。如果没能有效阻止，量变导致质变，就会像解体前的苏联一样。老百姓对整个执政党都失去信心，对国家认同失去信心。结果只能是国家分崩离析，四分五裂。小信成，则大信立。小信不成，则大信不立。在我们的传统文化中，历来都强调要做一个诚信的人，做一个知行合一的人。《荀子》曾说，“口能言之，身能行之，国宝也。口不能言，身能行之，国器也。口能言之，身不能行，国用也。口言善，身行恶，国妖也。”把诚信之人看作是国家的瑰宝，把“两面人”称作祸国害民的妖孽。

诚者，天之道也。关于诚的论述，在我们的文化传统里，可谓是汗牛充栋。《周易》说：“人之所助者，信也。”孔子认为：“人而无信，不知其可也。”《资治通鉴》则认为：“丈夫一言许人，千金

① 习近平：《在第十八届中央纪律检查委员会第六次全体会议上的讲话》（2016年1月12日），转引自《习近平关于严明党的政治纪律和政治规矩的一组论述》，中国共产党新闻网，2016年2月3日。

不易。”孟子更是认为：“诚者，天之道也；思诚者，人之道也。”可见，诚信不仅是做人之本，甚至是人之所以为人的首要条件。在国外的文化哲学传统里，也有着丰富的论述，深刻的认知。泰戈尔说：“虚伪的真诚，比魔鬼更可怕。”毕达哥拉斯认为：“诚信乃是一种和谐，正如健康、和善与神一样。”拉罗什福科则认为：“真诚是一种心灵的开放。”一个人失信时，对一个人的前途命运而言，无疑增加了诸多不确定性因素。如果一个社会普遍失信时，那么整个社会必是道德缺失，秩序混乱，人人都痛苦的社会。试想，官员不尽职，医生不讲德，警察不在岗，食品不安全，交易没保障等等，这样的社会如泥潭一般，生产生活就会举步维艰，社会运行成本极高，没有未来可言。特别是对于流动性越来越强的现代社会，失信对于经济社会影响是战略性的，全局性的。诚信社会是现代社会的前提性因素。共享经济等先进的经济形态，都需要发达的征信体系为基础。一个高度文明发达的社会，必是一个人人都讲诚信的社会。失信之人，在现代社会将失去做人的经济社会基础。

伟大的时代需要伟大的诚信精神。党的十九大报告认为：“经过长期努力，中国特色社会主义进入了新时代，这是我国发展新的历史方位。” 新时代，不仅迎来了实现中华民族伟大复兴的光明前景，而且在世界上高高举起了中国特色社会主义伟大旗帜，还为解决人类问题贡献了中国智慧和中国方案，这是一个伟大的时代。中国离民族复兴的距离越来越近了，面临的挑战和机遇一样，都是前所未有。中国梦的实现，不仅是中华文明的现代转型，更是一种更高级别的文明社会。实现复兴的过程，需要汇聚全国亿万人民的力量。没有广大的党员干部竭诚努力，就不足以动员和凝聚全国人民的力量。实现复兴的目标，也是整个社会现代文明转型的过程，必须要有全社会文明素质的提高作为前提，这也离不开8900多万共产党员的诚信榜样。我们正处于这个伟大的时代，需要各行各业的人都凝神聚气，内强文明素质，外树文明形象，戮力同心砥砺前行。而散布于各行各业的共产党员，则需要努力发挥模范引路作用，成为人民群众信赖的“主心骨”，成为风尚向上的中流砥柱。自学践行富强、民主、文明、和谐，自由、平等、公正、法治，爱国、敬业、诚信、友善的社会主义核心价值观。社会科学工作者，“要大力弘扬优良学风，把软约束和硬措施结合起来，推动形成崇尚精品、严谨治学、注重诚信、讲求责任的优良学风，营造风清气正、互学互鉴、积极向上的学术生态。”[①]要有“士以弘道”的价值追求，真正把做人、做事、做学问统一起来。特别是领导干部，要“把深入改进作风与加强党性修养结合起来，自觉讲诚信、懂规矩、守纪律，襟怀坦白、言行一致，心存敬畏、手握戒尺，对党忠诚老实，对群众忠诚老实，做到台上台下一种表现，任何时候、任何情况下都不越界、越轨。”[②]

“诚”要从“实”起。对于党员干部而言，诚信要从“实”起，实实在在做人做事，实实在在谋事创业，才能树起“诚”的标杆。贪

① 习近平：《在哲学社会科学工作座谈会上的讲话》（2016年5月17日），载《人民日报》2016年5月18日。

② 习近平：《在辽宁考察时的讲话》（2013年8月28日至31日），人民网，2013年9月1日。

腐官员的蜕化，无不是从“玩虚的”开始，弄虚作假，欺上瞒下，中饱私囊，都是在“虚”中毁掉了诚信。党员干部尤其是领导干部在践行社会主义核心价值观时，首先就要从“实”做起。把“实在”作为自己做人做事的底线，把“虚”作为自己从政的敌人。时时处处，避“虚”就“实”，化“虚”为“实”，在落“实”的进程中精益求精。其次，要做到言行一致。既然选择当共产党的官，就得选择全心全意为人民服务，选择一心为公、不谋私利。既然选择了从政，就要坚守自己的信念与承诺，不忘初心，言必行，行必果。第三，善养浩然之正能量。要求别人做到的，自己首先做好，自己说过的，一定要诚实守信。上无愧于天地，内无愧于良心，如此才能立信于群众，成就一个坦坦荡荡、光明磊落的好官。走到哪里，都能给人带来正能量。第四，要敢于与不良行为作斗争。不良风气，常由不良的人带来，从政路上，也常会遇到修行不好的官。遇到这种人与事，要有底气，更要有硬气，不屈不挠作斗争，捍卫正义与公平。

第七章
形成激励干部求真务实的有效机制

“党的干部是党和国家事业的中坚力量。” 要“坚持严管和厚爱结合、激励和约束并重，完善干部考核评价机制，建立激励机制和容错纠错机制，旗帜鲜明为那些敢于担当、踏实做事、不谋私利的干部撑腰鼓劲”。全党的务实作风要形成时代大潮，需要形成激励干部求真务实的有效机制，激发出制度的内生力量。建立健全干部考评体系，用求真务实的标准来选人用人，奖优罚劣。

第一节　建立规范的干部考核评价体系

2016 年 10 月，习近平总书记在十八届六中全会上深刻指出：“全面从严治党是党的十八大以来党中央抓党的建设的鲜明主题。办好中国的事情，关键在党，关键在党要管党、从严治党。”[①] 而“从严治

① 习近平：《在党的十八届六中全会上的讲话》（2016 年 10 月），人民网，2016 年 10 月 28 日。

党的重点，在于从严管理干部。”[①]从严管理干部的关键，又在于评价和使用干部。评价与使用相比，评价又是前提。建立规范的干部考核评价体系，是开发人力资源的内在要求，也是从严治党的必然要求，还是党管干部的关键抓手。

一、强化组织选人的功能

好干部还要靠组织培养。2013年6月，习近平总书记在全国组织工作会议上的讲话中强调："好干部还要靠组织培养。形势越变化、党和人民事业越发展，越要重视干部培养。"[②]党管干部，主要靠组织的力量来进行。组织的力量，一方面体现在培养上。另一方面体现在选人用人上。这两个方面，要融合在一起进行。真正的培养，离不开选人用人。真正的选人用人，也不可能离开教育。选人用人，是培养教育引导人的最有力的方法。教育是选人用人的前提。培养干部，离不开学习教育与工作实践，选人用人也需要从这两个方面抓起。组织上培养干部，首先要加强思想教育。党性教育是基础，道德建设是根本。利用好组织生活的教育功能，锤炼党员干部的党性。"用好组织生活这个经常性手段。党的组织生活是党内政治生活的重要内容和载体，是党组织对党员进行教育管理监督的重要形式。一个班子强不强、有没有战斗力，同有没有严肃认真的组织生活密切相关。要认真

---

① 习近平：《从严治党必须从严管理干部》（2014年12月14日），人民网，2014年12月15日。

② 《十八大以来重要文献选编》（上），中央文献出版社2014年版，第342页。

落实‘三会一课’、民主生活会、领导干部双重组织生活、民主评议党员、谈心谈话等制度，加强经常性教育、管理、监督。要创新方式方法，增强吸引力和感染力，提高组织生活质量和效果。”[①]通过组织生活，加强宗旨意识、公仆意识教育，把党性炼强炼纯。其次要强化干部实践锻炼。积极为干部锻炼成长搭建平台，打通干部交流任职的通道。使偏远地区、基层一线成为干部成长的必要阶段。严格对任职过程的考查，使那些走“镀金”、走过场、等提拔、身在心不在的干部，能够明显地区别出来，并承担相应的责任和后果。第三，增加群众意见的分量。群众是历史的主体，是国家的主人，是党员干部服务的对象。对于干部的调整任命，必须要有话语权，而且分量要足够。否则，一些功利之人，还是不会把群众当回事。从经济人的角度来看，糊弄上级容易，欺骗群众难度大。需要搞定的人越多，成本代价就越大。如此，务实之人，反倒更轻松，占便宜。然而，这一功能的实现，要靠选人用人这一关键环节来把控。把权力关进制度的笼子，把钥匙交给群众，让群众来监督权力的运行。群众就是权力的防腐剂。这样，那些想与群众格格不入的人，那些想弄虚作假的人，就会有如履薄冰、如临深渊的警觉。

优化选人用人的流程。按现代管理学的理论，流程是影响政策执行偏差的关键性变量。一项政策能不能实现预期的目标，关键是看流程是否优化。流程的优化是一个动态的过程，随着主客体和环境的变

① 习近平：《在党的十八届六中全会第二次全体会议上的讲话》（2016年10月27日），人民网，2017年1月3日。

化，流程必须不断地进行优化，以适应新情况，解决新问题。优化选人用人的流程，首要的是更新评估理念。任人用人的前提是考核，考核的本质是评估。为了更好地了解识别干部、教育引导干部，在选人用人上必须及时地更新理念。首先，要注重基层，注重实干，注重群众公认。要通过这三个注重，将干部的成长发展“实”起来，更接地气，更解实情，更有能力。将那些滥竽充数、吹嘘拍马的党员干部区别出来，使那些热衷于搞形式主义、搞形象工程的人寸步难行，让那些务实肯干、扎根基层、群众基础好的党员干部受到重用，得到更广阔的发展空间。第二，评估内容要素化。具体某个岗位，需要什么样的能力，需要有一定的资格认证，经得起专业的鉴定。不能说“领导说你行，不行也行；领导说你不行，行也不行。”没有完成相应的资格认证，没有具备相应的条件性要素，谁说也不行。第三，考核评估过程化经常化。对党员干部工作的考核评估要过程化经常化，将党员干部平时的表现及时有效的反映到干部的成长记录中，引导党员干部把平时工作看成为是升迁的基本条件。第四，考核评估方式综合化。定性和定量结合，组织选人与领导选人结合，群众监督与上级督查结合，过程考查与目标考核结合，经济发展与社会和谐并重，“显绩与隐绩”结合，“班子与个人”结合，等等，使干部选用更趋理性，更趋综合。第五，借助人力资源管理信息系统。干部考核评估过程、选用决策等过程，都需要借助信息化系统，使人力资源能够得到更加科学合理的开发。第六，科学有效简便易行。要紧密结合干部工作实际，针对问题深入研究，不断改进流程，使选人用人更加科学规范、简便易行、有效管用。

需要克服几个明显问题。过去在选人用人上，总体上是好的，但也存在不少明显的问题。一是考核内容侧重于经济发展，GDP 的比重过大。唯 GDP 使得经济短期效益过于明显，忽略了社会效益，忽略了生态环境的建设，民生基础工程也处于边缘状态，因而今后的一个趋势，就是要克服唯 GDP 的考核指向。二是考核方式偏重于一次性结果。这一方面使形象工程、短期政绩等容易量化的显性成果，会越来越多。另一方面还会出现唯票决制的现象。今后的趋势是要使过程突出出来，实践历练突出出来。三是避免责任泛化。选人用人虽是党制定决策的大事，但是谁提名，谁举荐，谁投票，不能因此泛化，一旦出问题就找不到问责的具体人。未来的选人用人，必须把这个决策过程记录下来。一旦选人失察，用人失当，必须追责。要像经济审计一样审计和追责，实行终身追责制。

二、把好干部标准立起来

2013 年 6 月，习近平总书记在全国组织工作会议上强调指出："我们党历来高度重视选贤任能，始终把选人用人作为关系党和人民事业的关键性、根本性问题来抓。好干部要做到信念坚定、为民服务、勤政务实、敢于担当、清正廉洁。"习近平总书记提出的"好干部"五条标准，清晰完整地勾画出了好干部的具体样子。首先是坚定的马克思主义信仰，这是每一个共产党员的政治信仰。马克思主义信仰是建立在科学基础之上的理性信仰，是为了维护绝大多数人利益的革命信仰，是被历史实践证明可以实现的人类理想，也是中国历代仁人志士追求的社会大同构想。党员干部只有坚定对马克思主义信仰，才能更加脚踏实地为实现党的现阶段的纲领不懈努力，才能更加自觉地融入这一场伟大的“接力赛”中。二是为民服务是为政之道，是一个干部最基本的权力观。为民即是为公，权力为民所赋，权力为民所用，权力为民所享。每个干部都要懂得“官”是为民服务的岗位，“权”是为民服务的工具。“为民”不仅是权力的来源，也是权力运行的基本理念。只有懂得真正的群众路线，才算是懂得了真正的“为民”。第三，“勤政务实”是好干部的履职之要，做到“三严三实”。“严”处下手，“实”字托底，加强自身修养与完成工作统一起来。把“三严三实”内化于心，外化于行。第四，“敢于担当”是好干部成事之基，是敢于负责，善于成事的必要条件。担当是一种工作的责任，一种人生的境界，一种对使命的自觉，一种对信仰的修行。习近平总书记指出：“是否具有担当精神，是否能够忠诚履责、尽心尽责、勇于担责，是检验每一个领导干部身上是否真正体现了共产党人先进性和纯洁性的重要方面。”[①]第五，“清正廉洁”是好干部的力量之源，底气所在。打铁还需自身硬。只有自己行得正坐得端，才有底气去管理和教育别人。在矛盾和问题面前敢于担当，面对歪风邪气敢于较真，需要一身正气作为底气。为民服务，拉近民心距离，需要清正廉洁作为基础。缺失了清正廉洁，就谈不上真正的为民服务。

---

① 王建华：《党员干部要勇于担当、能够担当、敢于担当》，人民网·理论频道，2014年12月23日。

好干部的标准是历史的发展的。“好干部的标准，大的方面说，就是德才兼备。同时，好干部的标准又是具体的、历史的。不同历史时期，对干部德才的具体要求有所不同。”[①] 革命战争年代，战争是最大的政治，作战是党员干部的必备素质，对党忠诚，必然要全身心地投入到革命战争时代洪流之中。因此，对党忠诚、英勇善战、不怕牺牲就是好干部的标准。进入社会主义革命和建设时期，战争需要让位于建设，专业知识和技能就成为干革命，谋事创业的第一时代性条件。坚定对马克思主义的信仰，对社会主义的信念，对党和政府的信赖，都要融合到具体的岗位中去。因此，懂政治、懂业务、又红又专就是好干部的标准。到了改革开放初期，十一届三中全会确定了改革开放的国家基本国策。国家及时代性的发展方向都变了，转到经济建设当中。经济建设成为国家的最大政治。在经济建设的大潮中，不断改革建设社会主义中国的各个方面。因此，除了有知识、懂专业外，对锐意改革的标准要求很高，这就构成了这一时期的好干部标准。进入新时代，中国正经历由富向强的转化，机遇与挑战都前所未有。习近平总书记提出了信念坚定、为民服务、勤政务实、敢于担当、清正廉洁的新标准，突出了好干部标准的时代内涵。强调的是政治上靠得住、工作上有本事、作风上过得硬、人民群众信得过等具体要求。这些要求，与实现中国梦，与实现“四个全面”战略布局密切相关联。当然，以上这些标准，也只是一般性要求。职位越高，岗位越重要，要求也越高。2015 年 1 月，习近平总书记在与县委书记座谈中，提出了心中

① 《十八大以来重要文献选编》（上），中央文献出版社 2014 年版，第 337 页。

有党、心中有民、心中有责、心中有戒“四有”要求。到2015年“七一”前夕讲话时，又提出了“四个人”要求，即：一要做政治的明白人，二要做发展的开路人，三要做群众的贴心人，四要做班子的带头人。同年12月份,在中央党校的讲话中,习近平总书记又提出了“四铁干部”的要求，即具有铁一般信仰、铁一般信念、铁一般纪律、铁一般担当。在党的十九大报告中，习近平总书记又强调，“坚持正确选人用人导向,匡正选人用人风气,突出政治标准,提拔重用牢固树立‘四个意识’和‘四个自信’、坚决维护党中央权威、全面贯彻执行党的理论和路线方针政策、忠诚干净担当的干部，选优配强各级领导班子。”在新时代新征程上，强调要突出干部的政治标准。广大党员干部，必须充分认识到干部新标准的时代性内涵，严格按新标准要求自己，使其成为自己融入时代性大潮的先进分子。

用制度将好干部标准落到实处。标准提出来了，关键是要落到实处，要在制度机制的具体运行之中得到彰显，才能算是好干部标准真正确立起来了。2013年12月，经中共中央批准，中央组织部印发《关于改进地方党政领导班子和领导干部政绩考核工作的通知》，通知对党政领导班子和领导干部的各类考核考查进行了具体规范，强调要根据不同地区、不同层级领导班子的领导干部的实际情况，设置各有侧重和特色的考核指标，对举债情况、“政绩工程”等以往容易出问题的环节进行了细节性的规范。针对近年来一些地方出现的唯票、唯分、唯GDP、唯年龄问题，2013年12月，2014年1月、2016年3月，中共中央先后对《党政领导干部选拔任用工作条例》进行了修订，将这些年干部工作的经验和教训及时补充进去，该废止的废止，该增加的增加。条例围绕干部选准、用对、育好，对组织程序流程、责任及追责等各个方面都进行了具体的规范，坚持“严”字当头，“为官不易”必然成为常态。条例旗帜鲜明地为好干部点赞、壮胆、撑腰、助阵，形成一种实干出人才的态势，使好干部的标准彰显起来。十八届三中全会通过了《中国共产党党内监督条例》和《关于新形势下党内政治生活的若干准则》，着力增强党的自我净化、自我完善、自我革新、自我提高能力，对干部选用的方方面面进行了系统和详尽的规定。在党的十九大报告中，习近平总书记再次强调，“要坚持党管干部原则，坚持德才兼备、以德为先，坚持五湖四海、任人唯贤，坚持事业为上、公道正派，把好干部标准落到实处。”随着全面从严治党的深化推进，党内政治生活越来越正规，制度的笼子越扎越紧，干部的选用培育也越来越正规，干部选拔任用的质量也越来越高。随着新标准新理念新制度的深入实践，使考核评估能够真、准、实、正，激发出干部的内在积极性，真正实现“优者上、平者让、庸者下”，有为者有平台，创新创业者有环境，改革担当者有保障，平庸有压力和乱为有惩戒。

三、坚决反对用人上的不正之风

防止干部“带病提拔”。2014 年 1 月，习近平总书记在中央政治局常委会听取 2013 年下半年中央巡视组巡视情况汇报时的讲话中强调：“选人用人不当是贪腐源头之一，选错一人，为害一方。必须严明组织纪律，严肃查处用人上的不正之风和腐败问题。”[①] 用人的腐败是最大的腐败，用人不正之风，对于事业的损害最为深远，也最为惨烈。2016 年 8 月，中共中央办公厅印发了《关于防止干部“带病提拔”的意见》，要求把住“带病提拔”这个关键问题，把牢选人用人的新干部标准，抓实程序流程的重要关口，抓紧“关键少数”的责任。对于用人不正之风来说，《意见》就是一把有力的大刀，一把切准“七寸”的大刀。

《意见》为防止干部“带病提拔”从六个方面树起了层层护栏。一是落实工作责任。各级党委（党组）负主体责任，党委（党组）书记是第一责任人，组织人事部门负直接责任，纪检监察机关承担监督责任。党委（党组）在向上级党组织推荐报送人选时，要对照好干部新标准形成结论性意见，特别是廉洁自律方面，实行党委（党组）书记、纪委书记（纪检组组长）在意见上签字制度。二是深化日常了解。坚持广泛接触了解干部，多渠道、多层次、多侧面识别干部，健全完善日常联系通报机制，收集多方面的信息，建立起干部监督信息档案。三是注重分析研判。对收集的各种信息，要实行综合研判，及时发现问题线索，并认真调查核实情况。对干部有关问题进行会诊辨析、筛查甄别，判明其性质和程度。四是加强动议审查。坚持先定规矩后选人的原则，按岗选人的要求，积极探索领导班子成员在动议环节实名推荐干部办法。五是强化任前把关。采取延长公示时间等方法，强化

---

① 习近平：《在中央政治局常委会听取二〇一三年下半年中央巡视组巡视情况汇报时的讲话》（2014 年 1 月 23 日），人民网，2014 年 1 月 24 日。

群众对选人用人的监督。通过档案要“凡提必审”、个人有关事项报告要“凡提必核”、纪检部门意见要“凡提必听”、信访举报要“凡提必查”等措施，强化干部审核。六是严格责任追究。建立健全干部“带病提拔”问责机制，一旦被提拔的干部出现问题，就要对相关责任主体进行追责。“要坚决防止带病提拔，纪委、组织部对有的问题未查完，疑虑很大的干部，不要贸然提拔。选好人、用对人是头等大事，要用最坚决的态度、最果断的措施刷新吏治。顶风作案的，要严肃查处，从重处理，决不姑息。”①

坚决纠治用人上的不正之风。用人上的不正之风的背后，常常是各种潜规则和利益链。党的十八大之后，反腐行动中出现的那些大案要案，深刻地反映出，某些地方在用人上的不正之风非常严重，影响非常恶劣。管钱管物的升迁得快，“三爷”类型干部升迁得快，领导身边的人升迁得快等任人唯亲、任人唯利、任人唯圈的现象，在一些地方还比较多见。这说明，经济高速发展之后，物质极度紧缺的状态得到了根本的改变，在很多人的眼里，艰苦奋斗的意识逐渐淡化，“四风”逐渐滋长，旧社会里的一些灰色、黑色事物，又死灰复燃。跑官要官、买官卖官，搞人身依附关系，搞山头主义，把干部当作自己的私有财产等等，问题比较突出。一些领导干部为了一己私欲，无视组织原则和组织程序，用人失察，甚至提拔重用长期“带病”的干部，好干部队面临逆淘汰的处境，对政治生态造成严重破坏。要消除这些

① 习近平：《在中央政治局常委会听取中央巡视工作领导小组二〇一四年中央巡视组首轮巡视情况汇报时的讲话》（2014年6月26日），人民网，2014年6月27日。

浓厚的官本位思想，要遏制住其中的潜规则，要斩断其背后的利益链，必须旗帜鲜明地反对用人上的不正之风，对其保持露头就打的高压态势，必须持续用力，从思想到制度多个层面同时用力，形成一种常态，积淀出清新的政治生态。正如十八届六中全会公报中所强调的，“坚决禁止跑官要官、买官卖官、拉票贿选等行为，坚决禁止向党伸手要职务、要名誉、要待遇行为，坚决禁止向党组织讨价还价，不服从组织决定的行为。任何人都不准把党的干部当作私有财产，党内不准搞人身依附关系。规范和纯洁党内同志交往，领导干部对党员不能颐指气使，党员对领导干部不能阿谀奉承。”“禁止利用职权或影响力为家属亲友谋特殊照顾，禁止领导干部家属亲友插手领导干部职权范围内的工作、插手人事安排。”①

第二节　鼓励褒奖重用求真务实的干部

“各级党组织要旗帜鲜明肯定表彰锐意进取的干部，教育帮助‘为官不为’的干部，支持和鼓励干部一心为公、兢兢业业、敢于担当。如果失职渎职给党和人民事业造成损失的，必须严肃处理。”②关于有效用人的方法，无外乎“奖优罚劣”。正如韩非子所言：闻古之善用人者，必循天顺人而明赏罚。奖与罚相比，奖更具普遍性、根本性。

① 《十八届六中全会公报》，人民网，2016 年 10 月 27 日。
② 习近平：《在党的群众路线教育实践活动总结大会上的讲话》（2014 年 10 月 8 日），载《人民日报》2014 年 10 月 9 日。

形成激励干部求真务实的有效机制，鼓励褒奖重用求真务实的干部就显得非常关键。

一、为敢于负责的干部负责

十八届六中全会的公报中明确要求：“党的各级组织要旗帜鲜明为敢于担当的干部担当，为敢于负责的干部负责。”这是组织该有的态度，也是组织强大的表现。对于求真务实的干部来说，这句话是非常走心、非常暖心，也是一种莫大的信任和承诺。人人为我，我为人人，这是组织的绝佳境界。有组织作为强大的后盾，党员干部就可以毫无顾虑地往前冲锋，万死而不辞。

为好干部打开广阔成长空间。“各级党委要从查处的大量腐败案件中反思选人用人的得失，下大决心治理吏治腐败，为好干部打开广阔成长空间，为从严治党夯实干部工作基础。”[①] 个人的内在潜力、能力基础、理想追求、成长环境等因素大为不同，需要组织知人善任，把人用对，用到点子上。“骏马行千里，力田不如牛。”只有做到人岗相适，才用相宜，才能实现人尽其才、物尽其用。

从严管理干部。“为什么一些地方干群关系成为突出的问题？为什么一些地方出现了塌方式腐败、家族式腐败？为什么一狠刹‘四风’就有人感叹‘为官不易’、变成为官不为了？为什么被查处的干部普

① 习近平：《从严治党必须从严管理干部》（2014 年 12 月 14 日），人民网，2014 年 12 月 15 日。

遍交代受到的监督不够？这就必须从干部管理制度上找原因。这些年来，在各级党组织中，对干部重使用轻管理的现象大量存在，从严管理干部的课题十分紧迫地摆在全党面前。”[①] 习近平总书记的四个“为什么”，深刻地指出了干部管理中的难题和症结，指出了从严管理干部的必要性和紧迫性。对干部管理失之于软、失之于宽，不仅整体上损害了政治生态环境，损害了党和人民的事业，而且是对干部成长的不负责，为干部健康成长埋下了“地雷”。习近平总书记认为，对干部的管理要全面、标准要严格、环节要衔接、措施要配套、责任要分明。对干部的管理要体现先进性和示范性，从年轻干部到退休干部全程管理，从思想行为、工作圈到社交圈全覆盖，方法上采取教育引导、规章制度、考核监督综合施策，责任上从直接、配合、主体等方面进行整合，从而塑造一个全新的全面从严的干部成长环境。在这样的高质量环境中，不仅为干部谋事创业提供良好平台，更为干部健康成长保驾护航。

建立容错纠错机制。伟大的事业，是充满创造创新的事业。创造创新的过程，也是不断试错纠错的过程。一试就成功的事业，是少数的偶然性事件。真正的创新伟业，失误是一种常态。放眼世界，大凡创新型国家或组织，都有一个比较完善的容错纠错机制。这种相对宽松的容错机制，对于鼓励干部创业创新是一个必不可少的条件。如果对于错误缺少分析，一味地拒绝，一味地严惩，则会使人不敢创新，

---

① 习近平：《从严治党必须从严管理干部》（2014 年 12 月 14 日），人民网，2014 年 12 月 15 日。

甚至不敢做事。正如习近平总书记强调的："要鼓励大胆探索、勤勉敬业，允许工作失误。一个干部事业心、责任感强，工作干得多，发生失误的可能性也就相对多一些。对这样的干部，一定要全面评价、把握主流，既肯定成绩，又诚恳指出不足，帮助他们改进提高，促使他们在今后的工作中尽可能减少失误。不能求全责备，一有失误就加以责难，这样会挫伤干部敢于担当、勤奋工作的积极性。决不能出现干多干少一个样、干好干坏一个样、干与不干一个样甚至不干比干更得利的导向。"①

二、要敢于给干部压担子

安排干部去经受锻炼。艰难苦困，玉汝于成。温室里是长不出参天大树的。"宰相必起于州部，猛将必发于卒伍"。正如习近平总书记强调的那样："对那些看得准、有潜力、有发展前途的年轻干部，要敢于给他们压担子，有计划安排他们去经受锻炼。这种锻炼不是做样子的，而应该是多岗位、长时间的，没有预设晋升路线图的，是要让年轻干部在实践中'大事难事看担当，逆境顺境看襟度'。要形成一种风气，年轻干部都争先恐后到艰苦岗位、到基层去，并以此为荣。"②不经历风雨，怎么见彩虹。不经历些大事难事，心智胸襟都不容易成熟。习仲勋 13 岁参加革命，18 岁就组织甘肃境内的"两当起义"，21 岁

① 习近平:《建设宏大高素质干部队伍，确保党始终成为坚强领导核心》，载《人民日报》2016 年 6 月 30 日。

② 《十八大以来重要文献选编》（上），中央文献出版社 2014 年版，第 348 页。

被推选为陕甘边区苏维埃政府主席。后来，被王明路线执行者关押，中央红军到陕北时才平反。在“文化大革命”中，又蒙受冤屈，受人诬陷，但是他始终保持共产主义信仰不动摇。毛泽东同志曾给他亲笔题词：“党的利益在第一位。”从另一个角度来看，正是这种多艰的经历，成就了他坚定的信仰，正是这种逆境，成就了他伟大的胸襟。

干部成长要多“墩墩苗”。“早熟的果子长不大，拔苗助长易夭折。干部多‘墩墩苗’没有什么坏处，把基础搞扎实了，后面的路才能走得更稳更远。”[①] 干部的成长是有规律的，不像搞自然科学研究，也不像搞艺术，可以少年成大家。在社会管理领域，干部的成长常常遵循的是“大器晚成”的规律。从年轻干部要成长为党和国家的中高级领导干部，需要经过必要的台阶、递进式的历练和培养。翻开习近平总书记的工作履历，就可以发现下乡当知青、河北正定、福建厦门、福建宁德、福建福州，然后主政福建、浙江、上海，每一个层级都走得非常扎实。特别是7年的知青生活，给了他一个全新的自我。1969年，一个15岁的北京长大的青年，离开家人，孤身一人来到黄土高坡的农村。什么活都干，开荒、种地、放羊、拉煤、挑粪等，成为一个地地道道的农民。1974年，习近平插队的梁家河，只剩他一个知青了。但是，他始终“铆足劲扎根干”，不但入了党，还当上了大队党支部书记。1975年，离开时，已经22岁的他，充满了自信。7年时间，他读懂了人生，读懂了中国，读懂了人民，夯实了信仰基石。正是这种一级级地历练，造就了他那种非同凡响的伟人气魄和领袖风范。正

① 《十八大以来重要文献选编》(上)，中央文献出版社2014年版，第348—349页。

如习近平总书记所说的，经历一些难事、急事、大事、复杂的事，能够更加深刻地感受国情、社情、民情，更好地“接地气”。

从严管理教育干部。教育与管理，向来不分家。管理离不开教育，教育也离不开管理。管理是硬性的教育，教育是柔性的管理。管理需要教育来润色，教育需要管理来支撑。从严治党，一方面体现为从严管理干部，另一方面体现为从严教育干部。两个方面都不能有丝毫松懈，都不能有一刻放松。对一些干部在工作中出现的问题，需要根据问题的症结采取针对性的措施加以解决。属于能力不足的，就要加强教育培训，加强实践锻炼提高。属于消极不作为的，就要严肃批评教育，认真执纪问责。属于故意滥用职权的，给国家和人民造成损失的，就要严格按照纪律和法律的尺度，进行严格追责。属于担当精神缺乏的，就要明确责任、加强督查，制定目标和期限，给以压力和动力，使其转变精神态度。管理与教育，两者有效融合，坚持标本兼治，真正使干部成长为过硬的好干部。

三、多办一些雪中送炭的事情

充分信任基层。国家的基础在于基层，基层强则国强，基层弱则国弱。重构基层一直是近代中国现代化的主题之一。经过中国共产党持续的努力，中国的基层焕发出了惊人的伟力。从基层的角度来看，革命战争犹如开天辟地，改革开放恰如改天换地。中国梦的实现，基层的现代化是重要指标。基层是人民热切期盼最为直接最为集中的地方，是检验国家大政方针成效的最后尺度。基层干部因为地处一线，面对的都是具体事务，都是百姓一家一人的实际困难，各方面的困难都非常突出。党的十九大报告强调，“各级党组织要关心爱护基层干部，主动为他们排忧解难。”当然，基层干部当中，也有一些这样那样的问题。在反腐过程中，也出现了一些“小官巨贪”，也出现了一些“苍蝇”。但是，不能因此就对基层干部不信任，甚至看不起基层干部。正如习近平总书记所强调的，“基层干部中有问题的有没有？肯定有，但不能因为出了一些事就把基层干部整体‘污名化’了。有些人这样做是别有用心的，要提高政治警惕性。”[①] 如果有人想“污名化”基层干部，则是对历史的不负责任。只有充分信任基层干部，理解基层干部的难处，才能发挥出基层干部的潜力，从严管理教育才有更大的意义。

为基层干部多办实事。随着反腐倡廉建设不断深入发展，制度之笼越织越密，服务型政府服务型组织正在加速形成。基层干部面临的工作任务更加重大，权力与权益的关系也在发生一些微妙的变化。基层干部自身面临的实际困难也非常突出，如果解决得不好，则容易挫伤他们工作的积极性。正如习近平总书记所强调的，“广大基层干部任务重、压力大、待遇低、出路窄，要把热情关心和严格要求结合起来，对广大基层干部充分理解、充分信任，格外关心、格外爱护，多为他们办一些雪中送炭的事情。”[②] 基层干部的工作热情，需要整个政治生态的向好作为基础。各级领导和机关，都注重眼光朝下，把服务基

---

① 《十八大以来重要文献选编》（上），中央文献出版社 2014 年版，第 352 页。
② 《十八大以来重要文献选编》（上），中央文献出版社 2014 年版，第 352 页。

层作为自己的职责使命，则重视基层可形成一种政治气氛。这种气氛是基层干部最为深厚的动力之源。为基层干部多办些实事，是服务基层，保护基层干部积极性的内在要求。

增强基层服务群众的能力。基层有能力是基层有活力的基本条件。基层组织的权威，要在解决实际问题中逐步树立起来。如果在面对基层现实问题中，基层组织成了可有可无的机构，在百姓心目中的地位必然是强不起来的。没有权威，解决不了实际问题，基层组织就边缘化了，就失去了自身存在的价值，也是国家治理的失败。基层能力除了基层干部自身的能力素质之外，还需要政策的支持，还需要上级机关和领导的重视。有一定的资源，有一定的权力，才能完成相应的职责。正所习近平总书记强调的，“各级都要重视基层、关心基层、支持基层，加大投入力度，加强带头人队伍建设，确保基层党组织有资源、有能力为群众服务。”①缺政策给政策，缺资源给资源，配强组织，增强能力，基层服务群众的能力才能强起来，服务型组织才能落到实处。

用好基层干部。干部要活起来，关键在于使用。基层干部有发展前途，则基层干部有后劲，有活力。所以，对于基层干部来说，最好的政治福利，就是努力干，只要干得出色，就有上升空间。有发展，干劲就会足。正如习近平总书记强调的，“怎样把好干部用起来？好干部成长起来了，培养出来了，关键还是要用。不用，或者用不好，最终等于还是没有好干部。用一贤人则群贤毕至，见贤思齐就蔚然成风。选什么人就是风向标，就有什么样的干部作风，乃至就有什么样

---

① 《十八大以来重要文献选编》（上），中央文献出版社2014年版，第352页。

的党风。”[①]政策向基层倾斜，人才向基层倾斜，构成好完善的干部成长路径。目前，很多地方也都在出台干部选用方面的具体规定，有一个方向值得点赞，那就是，把基层经历看作是干部成长的一个基本要素。基层干部工作的成效，有更多的领导和机关来关注，好干部脱颖而出的机会和平台大为增加。这一系列的政策，正在为基层干部注入越来越多的能量。基层的政治生态，正在发生重大的改变。这个过程，正好是基层治理现代化的进程。

第三节 批评惩处做表面文章的干部

“虚与实之分，祸与福之纽也。”光说不练假把式，表面文章害人害己。弄虚作假是危害极大的腐败行为。习近平总书记反复强调，“要脚踏实地、真抓实干，说真话、报真情、做实事、求实效，不能搭花架子、做表面文章，甚至说假话、报假情、瞒上瞒下。”[②]爱做表面文章的形式主义，位列“四风之害”之首，必须下大力革除。沾染了形式主义作风的干部，必须受到批评惩处。

---

① 《十八大以来重要文献选编》（上），中央文献出版社2014年版，第342—343页。

② 习近平：《办公厅工作要做到“五个坚持”》，载《秘书工作》2014年第6期。

一、让弄虚作假的干部受惩戒

坚决不予重用善做表面文章的领导干部。表面文章华而不实，表面看起来热热闹闹，其实空洞无物，不切实际，只会空耗资源，折损党和政府的公信力。习近平总书记在同基层干部群众座谈时说，我当了7年农民，最大体会就是老百姓看干部就看实在不实在，老百姓就怕空洞无物、不干实事。有的干部热衷于搞文山会海，以“会议落实会议、以文件落实文件，以讲话落实讲话”，实际工作却总是停在半空中。有的干部把说的当成做的，把想法当成现实，把思路当作成绩，活动还没完全展开，成功经验就开始总结了。这种“材料政绩”和“统计政治”，表面上看起来轰轰烈烈，形式上看起来也走得扎扎实实，但实际上都是些花架子，真正管用的，真正能让百姓看到实效的，却不见踪影。形式主义常常表现在基层，但根却在领导。领导官僚，不务实事，眼睛不向下，只想听好话，不想听实话，形式主义就会蔓延开来。完全可以说，形式主义和官僚主义，就是一对孪生兄弟。所以，要铲除形式主义，必须从领导干部身上入手。对于善做表面文章、作风浮夸的领导干部，坚决不予重用。从用人机制上来规制领导干部的作风，需要从干部的选用上把好关口。利用好民主集中制，把多数人赞成的人选出来。让那种八面玲珑、只谋人不谋事的人，没有市场。让那种弄虚作假，善做表面文章的干部，受到应有的惩罚。

让弄虚作假的干部无所隐藏。随着反腐工作的稳步推进，权力的制度之笼越织越密。靠制度的正常运转就可以发现弄虚作假的干部，使组织对形式主义产生免疫功能。2015 年 7 月 6 日，中央纪委对新疆维吾尔自治区人大常委会原副主任、党组成员栗智严重违纪问题进行了立案审查。随后在监察部网站发布关于他的通报，指出“栗智严重违反纪律，档案造假，向组织隐瞒本人真实年龄”“利用职务上的便利在干部选拔任用、企业经营等方面为他人谋取利益，索取、收受巨额贿赂”，严重违反社会主义道德，与他人通奸；干扰、妨碍组织审查，转移、藏匿赃款赃物等。11 月 18 日，青海省西宁市中级人民法院公开宣判栗智受贿案，以受贿罪判处有期徒刑十二年，并将所得财物予以追缴。2016 年 1 月，据国家审计署发布公告称，广西桂林永福县在农村危房改造中涉嫌造假谋利。实际开工 1509 户，上报开工 1920 户；实际完工 834 户，上报完工 1500 户，如此“注水”数据，很快被审计组发现。通报发布后，相关分管领导以及相关乡镇分管领导，很快就被问责，分别给予了党纪、政纪处分。近年来，随着审计和巡视制度的深入实践，一些地方和部门在统计数据上虚报瞒报被查处了不少。随着监管督查越来越严格，弄虚作假的行为将越来越难藏身。

增强识别真假的能力。要让形式主义成为一种人人喊打的过街“老鼠”，还需要大家一起努力。关键是选人用人的领导和组织部门，独具慧眼，能够及时把这种人有效的区别出来，而不是被形式主义的假象所迷惑。要把这种能力作为一种功力，常练常提高，要把提高这种能力作为本职工作。如果在这方面失察，那就是失职，那就是无能。正如习近平总书记所强调的，“选人用人是一项非常复杂的工作，推荐票只是一个方面，只能作为用人的重要参考，不能作为用人的唯一依据。党管干部嘛！都靠票来定，党管干部怎么落实啊？谁最了解干部的德才和实绩啊？那应该是领导班子、分管领导和组织部门，他们在推荐干部方面的权重应该适当加强。如果领导班子、分管领导和组织部门都说不出哪个干部强、哪个干部弱，那就是失职！”①

二、敢于坚持选人用人原则

严格遵守规定选人用人。“抓好选人用人这个导向。选人用人是党内政治生活的风向标，用人上的不正之风和腐败现象对政治生活危害最烈，端正用人导向是严肃党内政治生活的治本之策。”用人导向是最根本的导向。选什么样的人就会有什么样的干部作风，就会有什么样的党风。坚持选人用人的党性原则，不仅需要智慧，更需要胆略。党的十八届六中全会审议通过的《关于新形势下党内政治生活的若干准则》明确指出：“党的各级组织和全体党员必须对党忠诚老实、光明磊落，说老实话、办老实事、做老实人”“反对弄虚作假、虚报浮夸，反对隐瞒实情、报喜不报忧”。《准则》对于反对弄虚作假有着明确的规定，需要各级领导干部和组织认真严格落实。“要着眼于党的事业发展需要选人用人，公道对待干部，公平评价干部，公正使用干部，敢于坚持原则，让好干部真正受尊重、受重用，让那些阿谀逢迎、弄虚作假、不干实事、会跑会要的干部真正没市场、受惩戒。”②

---

① 《十八大以来重要文献选编》（上），中央文献出版社 2014 年版，第 345 页。
② 习近平：《在全国组织工作会议上的讲话》（2013 年 6 月 28 日），转引自《习近平的用人观：治国之要 首在用人》，人民网，2015 年 8 月 5 日。

"深化日常了解"是选人用人的基本功。"不知人之短，不知人之长，不知人长中之短，不知人短中之长，则不可以用人，不可以教人。"2013年6月28日，在全国组织工作会议上，习近平总书记引用的这句古语，就是要说明"深化日常了解"，对于干部选用的重要性。"知人善任"，知人是前提，是用人的关键。如何才能更深入地了解人才的日常。习近平总书记特别强调，要密切关注干部在群众中的口碑，要善于借助群众的力量来了解干部。干部的业绩主要体现在工作实践中，但其做事的名声却主要体现在民间。作为领导干部必须要多到基层干部中去走访走访，多到群众中去了解了解，多在乡语口碑中了解干部的作风和党性修养。善于搞形象工作的干部，其最大的致命缺陷就在于光鲜部分都是朝着上级领导，而站在群众角度来看，则虚假很明显。所以，多到群众那里了解情况，同时让广大群众积极监督政府，则可以有效地了解干部的作风。对干部的考察，既要在大事难事上看德行，又要在细微小节中察看品德。

对"老好人"说不。《论语·子路》："子贡问曰：'乡人皆好之，何如？'子曰：'未可也。''乡人皆恶之，何如？'子曰：'未可也。不如乡人之善者好之，其不善者恶之。'"中心的意思，是说看一个人是不是好人，最好是好人说他好，坏人说他坏。作为一个干部，必须是非分明，敢于同各种不良倾向作斗争，敢于同各种坏人作斗争。在坚持原则的过程中，难免会得罪一些人。这就需要我们在了解一个干部时，作深入研究分析。有人说好，好在哪里，为什么好。有人说坏，坏在哪，为什么坏。在现实中，有一种人整天不干实事，就在那闲聊。自己无所事事，整天指手画脚，今天说这个人不行，明天又说那个人不行，工作上这也不行，那也不行，自己又不来。对别人求全责备，善于操控舆论，自己则躲在背后，不求有功，但求无过。这一类人本质上也是走“虚”线，不走“实”路。而且这类人，常常还能落个“好人”名声，在选票上常占优势。如果这种人得到重用，谁还来冲锋陷阵，谁还来改革图强呢。这一类人的存在对于革命事业，特别是当下的改革大业，有着不小的伤害。我们需要擦亮眼睛，明辨好坏，给能干事、敢干事的人真正支持。

三、敢于瞪眼黑脸

对于弄虚作假要敢于瞪眼黑脸。形式和内容是一对相依相生的范畴。不存在没有内容的绝对形式，也不存在没有形式的单纯内容。内容恰到好处，形式恰如其分，是偶然性事件。内容多一些，形式少一些，则是一种常态。但是，形式一旦成为一种“主义”，就是一种超越一切内容的理念，形式成了主体，成了目标追求，而内容就成为一种陪衬，一种无关紧要的存在。形式主义作为一种不良作风，它的形成也不是一朝一夕的事情，而是日积越累的过程。而在这漫漫演进的过程中，有很多的机会来进行纠治。这种纠治需要各级组织和领导干部担起责任来，从“严”管理干部，真管真严、敢管敢严、长管长严。从管理学的角度来看，这个内在过程也叫“有效治理”。正如习近平总书记强调的，“‘治’就是从党中央到省市县党委，从中央部委、国家机关部门党组（党委）到基层党支部，都要肩负起主体责任，党委书记要把抓好党建当作分内之事、必须担当的职责；各级纪委要担负起监督责任，敢于瞪眼黑脸，勇于执纪问责。”①

让咬耳扯袖、红脸出汗成为常态。监督执纪“四种形态”中第一种形态：让咬耳朵、扯袖子，红红脸、出出汗成为常态。要完成对形式主义的有效治理，必须防微杜渐，治理于平时，积极利用监督执纪的第一种形态。不能等着“形式主义”坐大坐强，放任自流、养痈遗患。从早从小真管严管，日常化管理，经常化提醒。开展批评与自我批评，治病救人，这既是对干部最大的爱护，也是对组织政治生态最好的维护。根据“四种形态”的基本精神，广东省广州市纪委制定实施了《广州市落实全面从严治党主体责任约谈一把手制度》和《广州市纪检监察机关信访函询实施意见》。2015 年派驻广州市水务局纪检组主要领导先后对直属单位“一把手”进行个别、日常廉政谈话 110 余人次。2016 年第 1 季度，全市各级领导共对党员干部开展谈话提醒 4407 人次。其中，地厅级 22 人次、县处级 1088 人次、乡科级 1955 人次、一般干部 1342 人次。谈话提醒县处级以上党员干部 1110 人次。② 大量的谈话提醒，逐渐成为常态，正逐步成为全党政治生态的基础性工程。

不能用形式主义反对形式主义。2014 年 5 月，习近平总书记在指

---

① 习近平：《在第十八届中央纪律检查委员会第六次全体会议上的讲话》（2016 年 1 月 12 日），转引自《习近平关于严明党的政治纪律和政治规矩的一组论述》，中国共产党新闻网，2016 年 2 月 3 日。

② 《让“咬耳扯袖、红脸出汗”成为常态》，载《广州日报》2016 年 5 月 16 日。

导兰考县委常委班子党的群众路线教育实践活动专题民主生活会时强调，改进作风，不能表面上热热闹闹，实际上却是用形式主义反对形式主义，换汤不换药。抓作风必须要做到善始善终、善做善成。在解决实际问题中，举一反三，用问题来牵引作风建设。作风建设永远在路上，是一个永恒性的时代课题，不要急于求成，要稳打稳扎。在查摆问题、解决问题的过程中，要把作风建设的经验制度化、常态化，防止和避免活动走形变味、做成夹生饭，坚持杜绝作风问题的回潮。形式主义害死人，在反对形式主义的过程中，不能用老套路穷对付，必须要深刻反思如何有效治理的问题。不少人新方法不会用，老办法不管用，能力跟不上形势的发展，只能用“形式主义”来蒙混过关。因此，我们一方面要旗帜鲜明地反对用形式主义反对形式主义，另一方面要提高干部工作的能力，学会用新的方法来开展工作，避免滑入形式主义的泥潭。

第八章
在全社会大力弘扬求真务实好风尚

“真抓才能攻坚克难，实干才能梦想成真。我们要在全社会大力弘扬真抓实干、埋头苦干的良好风尚。”[①] 每个党员干部都要加强党性修养，严于律己、宽以待人，积极践行社会主义核心价值观，以身作则推动营造风清气正的党风、政风和社会风气。共产党员只有拥有强大的人格力量，才能无愧于自己的称号，才能对得起人民的期待。特别是在全面深化改革阶段，民族复兴到了最为关键的时刻，每个党员都要以饱满的工作热情，投入到全面建成小康社会的热潮中，用自身言行开时代风气之先，用良好风气汇聚起全民力量。

第一节　树立正确的事业观和政绩观

政绩观，是党员干部对工作业绩的总体看法和根本观点，是工作思路、工作方式、工作作风等的“总开关”。“各级领导干部要牢固

① 习近平：《在同全国劳动模范代表座谈时的讲话》（2013 年 4 月 28 日），载《人民日报》2013 年 4 月 29 日。

树立正确政绩观，把抓落实的出发点放到为党尽责、为民造福上，而不是树立自身形象、为自己升迁铺路；把抓落实的落脚点放到办实事、求实效上，而不是追求表面政绩，搞华而不实、劳民伤财的‘形象工程’；把抓落实的重点放到立足现实、着眼长远、打好基础上，而不是盲目攀比、竭泽而渔。”①

一、拧紧思想“总开关”

思想上的滑坡是最严重的病变。“求木之长者，必固其根本；欲流之远者，必浚其泉源。”思想是行为之源，如果思想出问题了，那么整条河就被污染了。“对党员、干部来说，思想上的滑坡是最严重的病变，‘总开关’没拧紧，不能正确处理公私关系，缺乏正确的是非观、义利观、权力观、事业观，各种出轨越界、跑冒滴漏就在所难免了。思想上松一寸，行动上就会散一尺。”②要想作风保持好，必须要抓紧思想这一关口，解决思想问题。谭政在《谭政报告》中说，“在一定物质基础之上，思想掌握一切，思想改变一切。”思想是构成人与人之间差别的最本质部分，思想也是构成组织的基础部分。没有思想上的统一，组织必然分崩离析。政绩观就是从政执政的思想基石，决定着一个人怎么抓工作，能抓出什么效果。纵览这几年的贪腐官员，在忏悔录中，无不把放松思想上的改造作为自己走向腐败的开始。思

① 习近平：《关键在于落实》，载《求是》2011年第6期。

② 习近平：《在党的群众路线教育实践活动总结大会上的讲话》（2014年10月8日），载《人民日报》2014年10月9日。

想上一旦滑坡，行为就会如决堤的洪水，无法遏制。

良好政绩观是从严治党的重要抓手。办好中国的事情关键在党。对于一个拥有8900多万党员长期执政的党，从严治党就是治国理政的“牛鼻子”。抓好党建工程，是各级组织的最大政绩。而抓好政绩观的建设，则是党建工程的基础性工程。“各级各部门党委（党组）必须树立正确政绩观，坚持从巩固党的执政地位的大局看问题，把抓好党建作为最大的政绩。如果我们党弱了、散了、垮了，其他政绩又有什么意义呢？”[①]各级党委要把从严治党责任承担好、落实好，坚持党建工作和中心工作融合在一起进行谋划、部署和考核，坚决防止“一手硬、一手软”。在开展党建的时候，要下大力气加强思想政治建设，特别是树立正确的政绩观。

正确的政绩观是一场人生修行。思想认识的问题是一个永恒性的人生课题，是一个常讲常新的话题。“思想认识问题一时解决了，不等于永远解决。就像房间需要经常打扫一样，思想上的灰尘也要经常打扫，镜子要经常照，衣冠要随时正，有灰尘就要洗洗澡，出毛病就要治治病。”[②]正确的政绩观，来源于清醒的理性认知，来源于实践的灵魂感化。习近平总书记曾引用《礼记》中“博学之，审问之，慎思之，明辨之，笃行之”的经典思想，来说明青年价值观的方向和方法。对于党员干部的政绩观，其实也可以适用“勤学、修德、明辨、笃实”

① 习近平：《在党的群众路线教育实践活动总结大会上的讲话》（2014年10月8日），载《人民日报》2014年10月9日。
② 习近平：《在党的群众路线教育实践活动总结大会上的讲话》（2014年10月8日），载《人民日报》2014年10月9日。

的要求，进行修养。

勤学明辨，深扎思想根基。要养成正确的政绩观，需要不断地学习，对社会知识了解得越多，对马克思主义的认同就会加深，对共产党的政绩观也会有更深的理解和认同。在信息时代，知识以更为宽广的视野，以更加丰富的面貌呈现在每个人的面前，但是也有很多错误的信息和思潮，甚至还有形形色色的诱惑和陷阱，共同构成了鱼龙混杂、泥沙俱下的复杂局面。正确与错误相互交织，也相互激荡，这就需要明辨。对于各种信息进行有效的分析，用理性的思维，去伪存真，去表存里，如此才能明辨非是，明了方向，克服一时的疑惑、彷徨和失落。有着勤学和明辨两大法宝，就拥有一双敏锐的双眼，就会拥有足够的定力，做事创业就会更加从容、自信。握住了人生“总钥匙”，就可以坚定不移地沿着“向上、向善”的方向努力前行。

知行合一，提炼政绩观的境界。知的目标是行，知是行之基。行的结果是更深的知，行是知之始。知中有行，行中有知，知行乃一体两面。真知必行，如果不付诸实践，就只能算是假知。知行合一的过程，既是一种致良知的过程，也是一种修德的过程，更是一种实践的过程。谋事创业不仅需要知识的积累，更需要道德雨露的滋养。只有占据道义制高点，才能拥有身心合一的巨大潜能，才能创造性地贡献出自己的才智。所以，工作本身就是一种修炼政绩观的过程，培塑执着的政绩观也是一种道德修养的过程。正确的政绩观是一种事关国家、天下的“大德”，也是事关群体、社会的“公德”，当然也是事关个人品行的“私德”。每日三省己身，看看自己是否光明了大德，是否守住了公德，是否严格了私德，从政之路才不会走歪、走偏。

二、以民之好恶为好恶

“民之所好好之，民之所恶恶之。”“干事创业一定要树立正确政绩观，做到‘民之所好好之，民之所恶恶之’。要求真务实、真抓实干，做工作自觉从人民利益出发，决不能为了树立个人形象，搞华而不实、劳民伤财的‘形象工程’、‘政绩工程’。”[①] 人民立场是中国共产党的根本政治立场，是马克思主义政党区别于其他政党的显著标志，也是中国共产党政绩观的基本底色。工作好不好，好在哪里，好了多少，都要以最广大人民根本利益为最高标准。作为党员干部，“必须做到心中有民。”心系群众、为民造福，为官一任，当思造福一方。2012 年 11 月 15 日，刚刚当选为中共中央总书记的习近平，就强调了他的政绩观：“人民对美好生活的向往，就是我们的奋斗目标。”在这次见面时共一千多字的讲话中，“人民”一词就提到了 19 次之多。在他的系列讲话中，“人民”也一直是一个高频词。为了改善人民生活，习近平总书记日理万机、夙夜在公，带领全党坚守初心，不断砥砺前行。人民是历史的英雄，是社会的主体，是共产党心中的上帝。全心全意为人民服务，是中国共产党的唯一宗旨，是神圣的执着追求。习近平总书记进一步强调，发展是执政兴国的第一要务，发展要牢牢树立以人民为中心的思想。想群众之所想、急群众之所急、解群众之所困，

① 习近平：《做焦裕禄式的县委书记》（2015 年 1 月 12 日），载《人民日报》2015 年 1 月 13 日。

不仅是政治上的要求，更是经济发展的基本政策。学有所教、劳有所得、病有所医、老有所养、住有所居等民生问题，绝不是一个油盐酱醋菜的琐碎问题，而是一个政治履责和经济发展的严肃问题。特别是进入新时代之后，社会矛盾转化成了人民日益增长的美好生活需要和不平衡不充分的发展之间的矛盾，这是一种关系全局的历史性变化，对党和国家工作提出了许多新要求，对每一位党员干部都提出了许多新的要求。要更好地满足人民在经济、政治、文化、社会、生态等方面日益增长的需要，党员干部要自觉调整自己的人生航向和工作重点，着力解决好发展不平衡不充分问题，更新工作理念，大力提升发展质量和效益。正如习近平总书记所强调的，“面对浩浩荡荡的时代潮流，面对人民群众过上更好生活的殷切期待，我们不能有丝毫自满，不能有丝毫懈怠，必须再接再厉、一往无前。”①

党的力量在人民。古人云：“皇天无亲，惟德是辅。”“德”的最大来源就在于人类的本质，也就是说最大多数人的根本利益始终是“道德”的成因与构成。全心为民的人，就是拥有“大德”的人。全心全意为人民服务的政党，就是拥有最大“道德”资源的政党。以人民为中心的党和政府，必然会获得上天的辅助，必然会获得“命运”的垂青。中国共产党之所以能不断走向强大，就在于她把根基深深地埋进了人民群众之中，把自己看作人民的儿子，坚持人民的历史主体地位，充分调动人民群众积极性，因此也就获得了立于不败之地的强

① 习近平：《在第十二届全国人民代表大会第一次会议上的讲话》（2013 年 3 月 17 日），人民网，2013 年 3 月 18 日。

大根基。他还指出，“以人民为中心的发展思想，不是一个抽象的、玄奥的概念，不能只停留在口头上、止步于思想环节，而要体现在经济社会发展各个环节。”[①]“创新、协调、绿色、开放、共享”五大发展理念的内在灵魂，就是落实以人民为中心的发展思想。比如“共享”，体现的就是共同富裕的社会主义本质要求，终极的目标是实现每个人的全面发展。共享是一种理念，目前最关键的是要坚持社会主义基本经济制度，改革调整收入分配格局，通过税收、社会保障、转移支付等手段，实现对社会财富的再分配再调节，解决好收入差距问题，维护社会公平正义，使发展成果更多更公平地惠及全体人民。习近平总书记在宁夏走访时嘱托：小康路上，一个都不能少。在云南会见怒江干部群众时说：全面建成小康社会，一个民族都不能少。旨在消灭贫困的精准扶贫战略，在大江南北展开，正结下累累硕果。不断有获得感的人民群众，也正以更加饱满的热情，加入到全面建成小康社会的伟大征程中。

以百姓心做百姓事。2013年11月，习近平总书记在一次座谈会上，给市、县委书记们念了一副对联：“得一官不荣，失一官不辱，勿道一官无用，地方全靠一官；穿百姓之衣，吃百姓之饭，莫以百姓可欺，自己也是百姓。”他说，封建时代官吏尚有这样的认识，共产党人应该有比这个更高的境界。共产党员更应该牢记自己的百姓身份，坚守自己的百姓初心，勤奋工作，对党和人民事业高度负责。有了“百姓

---

① 习近平：《在省部级主要领导干部学习贯彻党的十八届五中全会精神专题研讨班上的讲话》（2016年1月18日），人民网，2016年1月19日。

心”，就有了一个“永动机”，就可以造就金刚不坏之身，这是我们干工作搞事业的力量之源。“雾霾天能不能减少”“青山绿水能不能再多点”“提高养老院服务质量”“加强食品安全监管”……这些百姓热切关注的身边事，也都是国家的大事，也都是党和政府追求的政绩所在。关切民生、重视细节，中共中央把一件一件群众关切的“热点”问题，将全面建成小康社会上升至国家战略层面，并把战略化成为一项一项的具体部署。五年来，习近平总书记在调研考察中，10多次看望贫困户，一场旨在让人民过上幸福美好生活的决战，正雄阔地在中国大地上展开。

三、认真做事不要作秀

树立“做事”的政绩观。党的十九大报告指出，“全党必须牢记，为什么人的问题，是检验一个政党、一个政权性质的试金石。带领人民创造美好生活，是我们党始终不渝的奋斗目标。”对于党员干部而言，这不仅是个奋斗目标的问题，更是一个政绩观的问题。习近平总书记强调，各级党组织要解决好“政绩为谁而树”的问题，要把人民群众的根本利益作为工作的出发点和落脚点。同时还要解决好“树什么样的政绩”问题，要认真“做事”而不是“作秀”，要真正“造福一方”而不是“造势一时”。另外，还要解决好“如何考核政绩”的问题，使勤政为民、办实事的干部得到褒奖，使好大喜功、弄虚作假的干部受到惩戒。这三个问题互为支撑，共同构成了一个政绩观的完整体系。

做实事，说实话，接地气，解民生，是政绩观的基本追求。各级组织和党员干部要把了解基层百姓的需要和期盼作为工作的前提和基础，需要克服那些做面子工程、形象工程、政绩工程等徒具虚名的邪念。各级党组织和党员干部要大兴求真务实之风，实实在在办事，办实实在在的事，办老百姓得实惠的事，把百姓口碑看作是自己的最高奖赏。

要以解决民生问题为抓手。“增进民生福祉是发展的根本目的。必须多谋民生之利、多解民生之忧，在发展中补齐民生短板、促进社会公平正义。”增进民生福祉，增强民众获得感，是以解决民生问题为基础的。习近平总书记强调：“凡是广大干部群众普遍关注的深层次问题，都要从历史和现实、理论和实践的结合上作出令人信服的回答。”问题就是资源，问题就是创新点。这也是新时代社会主要矛盾运动使然。全面深化改革是一盘大棋，要冲破固有的利益分配格局。这样的改革，肯定会有些人不乐意，少数人反对，大部分赞同。解决民生问题，不仅是改革发展的出发点，也是汇聚改革力量的基本对策。解决民生问题，就可以让更多的人得到改革实惠。所谓“小信成，则大信立”。改革的权威，需要一个突破口。民生问题无疑就是一个很好的抓手。从政治上来看，解决民生问题，可以稳住最大的政治基本面。从经济的角度来看，新的经济增长点，蕴藏于人民群众普遍关心的突出问题中。供给侧改革，本质也是瞄准实际问题。问题的有效解决，本质上就是有效供给的提供。民生问题牵涉三个重要领域，即生态环境建设、住房市场完善、食品安全监管。背后也是有效供给不足的问题，也是经济增长方式不合理积累的问题。各行业粗放式投资的高速增长，是以高投入、高消耗、高污染的“三高”为特征的发展模式，已经是难以为继的，没有红利的发展模式。抓住这些民生问题，就可以提高经济发展的质量，促进经济发展模式的转型。每个党员干部都要有这种意识，民生问题不仅是政治问题，更是经济发展问题。这是政绩最大的来源地。把调查研究作为基本功。习近平总书记多次强调，不同的地方有着不同的资源和禀赋，要想为老百姓办事，办好事，办成事，必须要深入基层、深入群众、深入实际，了解情况、问计于民。对于党员干部来说，要把调查研究作为基本功，要勤走、勤问、善思、实抓。当县委书记一定要跑遍所有的村，当市委书记一定要跑遍所有的乡镇，当省委书记一定要跑遍所有的县市区。“我在正定时经常骑着自行车下乡，从滹沱河北岸到滹沱河以南的公社去，每次骑到滹沱河沙滩就得扛着自行车走。虽然辛苦一点，但确实摸清了情况，同基层干部和老百姓拉近了距离、增进了感情。”[①]情况搞清楚了，往往方法、方案也就自然水落石出了。陈云曾说过，要用90%的时间和精力进行调查研究，10%的时间和精力用于作决策，这样的决策才民主、科学。

第二节　把求真务实的导向立起来

“要发挥考核指挥棒作用，把求真务实的导向立起来，把真抓实干的规矩严起来，让真干假干不一样、干多干少不一样、干好干坏不

---

① 习近平：《做焦裕禄式的县委书记》（2015年1月12日），载《人民日报》2015年1月13日。

一样，确保脱贫攻坚工作成效经得起实践和历史检验。”[①] 导向作为一种引导的方向，代表着一种发展趋势，意味着事物发展的内在动力。立起导向，则是必须使该导向成为主导趋势的决定性力量。把求真务实的导向立起来，关键是要发挥考核评价的作用，把实实在在的事突出出来，把办实事的人用起来。

一、把真抓实干的规矩严起来

2012 年 11 月 15 日，习近平总书记向全世界郑重承诺中国共产党的使命担当：“我们的责任，就是同全党同志一道，坚持党要管党、从严治党，切实解决自身存在的突出问题，切实改进工作作风，密切联系群众，使我们党始终成为中国特色社会主义事业的坚强领导核心。”[②] 治国必先治党，治党务必从严。一场伟大的“打铁”战役从此拉开大幕。从严治党也是一场进入攻坚期和深水区的改革。2014 年 1 月 22 日，习近平总书记主持召开中央深化改革领导小组第一次会议，成立了 6 个专项小组，其中关于治党的就有 3 个，分别是民主法制领域改革、党的建设制度改革、纪律检查体制改革。三把利剑，指向腐败，展现了刮骨疗毒的胆识和意志。在后来的中央深化改革领导小组会议上，通过了《关于加强中央纪委派驻机构建设的意见》《关于领导干

---

① 习近平：《在中共中央政治局会议上的讲话》（2017 年 3 月 31 日），转引自《习近平谈务实作风》，载《人民日报》（海外版）2017 年 6 月 21 日。

② 《习近平在新任政治局常委与记者见面会上发表讲话》，新华网·手机看新闻，2012 年 11 月 15 日。

部干预司法活动、插手具体案件处理的记录、通报和责任追究规定》《中央纪委派驻纪检组组长、副组长提名考察办法（试行）》《上海市开展进一步规范领导干部配偶、子女及其配偶经商办企业管理工作的意见》等多个规定意见。这些文件，牢牢地抓住领导干部这个“关键少数”，完成“两个全覆盖”，突出强调纪委的监督责任，从试点到全国，从试行到制度规范。比如，派驻工作在试行中成效显著，在2014年就形成了《关于加强中央纪委派驻机构建设的意见》，很快形成了法规，成为党的意志。2015年，进一步完善派驻工作，党中央审议通过《关于全面落实中央纪委向中央一级党和国家机关派驻纪检机构的方案》。截至2016年5月，驻中办纪检组已调查处理了103起违纪问题，处理或决定处理103人……

每一个法规的出台，背后都是一场战斗，都是一个胜利，也是我们党从严治党的脚印。2015年3月26日，中共中央办公厅印发了《省（自治区、直辖市）纪委书记、副书记提名考察办法（试行）》《中央纪委派驻纪检组组长、副组长提名考察办法（试行）》《中管企业纪委书记、副书记提名考察办法（试行）》，着力打造过硬的纪检干部队伍。6月初，中共中央办公厅印发《事业单位领导人员管理暂行规定》，这是规范和加强事业单位领导人员管理的第一个专门党内法规，填补了制度“真空”。6月16日，《中国共产党党组工作条例（试行）》全文公开发布，这是自1945年党的七大正式建立以来第一次出台专门的党组制度法规，对党组工作进行规范。6月26日，中央政治局会议审议通过了《关于推进领导干部能上能下的若干规定（试行）》，集中火力专门解决“能上不能下”的问题，有力推动良好用人导向的形成。当天还通过了《中国共产党巡视工作条例（修订稿）》，将巡视工作实践经验上升为制度规范，使巡视利剑更添威力。2015年，郭伯雄、苏树林、仇和、许爱民等大“老虎”纷纷被惩处。

2016年，十八届六中全会把从严治党推向了新的高地，审议通过了《关于新形势下党内政治生活的若干准则》《中国共产党党内监督条例》等法规，对严肃党内政治生活作出系统规范，增强了新的历史条件下我们党的自我净化、自我革新、自我完善、自我提高的能力。五年来，我们党坚持‘老虎’、‘苍蝇’一起打，使不敢腐的震慑作用得到发挥，不能腐、不想腐的效应初步显现，反腐败斗争压倒性态势正在形成。”[①]党的十八大以来，在贯彻落实“四个全面”战略布局进程中，全面从严治党领域改革不断向纵深推进，整体谋划、全面布局、稳步推进，系统成效越来越明显，真抓实干的规矩严起来了，逐步建立起了前后衔接、左右联动、上下配套、系统集成的法规制度体系，不断扎紧扎牢制度笼子，从严治党正快速走向常态化、制度化、长效化。“打虎”“猎狐”“拍蝇”同步展开，一串串的名单，彰显了制度面前人人平等、执行制度没有例外，“暗门”“天窗”没用，制度不是橡皮筋，而是硬杠杠。在党的十九大报告中，习近平总书记郑重宣布：“巡视利剑作用彰显，实现中央和省级党委巡视全覆盖。坚持反腐败无禁区、全覆盖、零容忍，坚定不移‘打虎’、‘拍蝇’、‘猎狐’，不敢腐的目标初步实现，不能腐的笼子越扎越牢，不想腐

① 《2017年习近平“七一”讲话全文解读》，师达教育网，2017年7月8日。

的堤坝正在构筑，反腐败斗争压倒性态势已经形成并巩固发展。”

二、要勇于自我革命

革命者必先自我革命。“勇于自我革命，从严管党治党，是我们党最鲜明的品格”，也是我们党最大的优势。中国共产党的伟大不在于不犯错误，而在于从不讳疾忌医，敢于直面问题，勇于自我革命，具有极强的自我修复能力。”[①] 关于这方面，孔子曾经作过深刻的揭示：“人非圣贤，孰能无过，”“过而能改，善莫大焉”。对于个人而言，要想成为理想中的君子，关键不在于不犯错，而在于善于改错。在现实中，只要能做到善于改错，就具备了通往成功的内在基本条件。对于一级组织而言，只要做到善于改错，就足以成就大业，就足以称得上伟大了。自我改错，也是一种自我反省、自我净化、自我提高的能力。在社会实践领域，因为涉及面广、影响深远，这种改错本身就是一种改造、改革和革命。其背后的基本精神，则是求真务实。坚持求真务实，落实到自身建设，就必然会表现为自我革命。马克思说过，自己批评自己，并靠自我批评发展壮大起来，这是无产阶级革命与其他革命显著不同。马克思主义政党要保持先进性和纯洁性，就要不断地自我批判和自我革命，同一切弱化自身先进纯洁的问题作坚决的斗争。可见，勇于自我革命是马克思主义政党的必然要求，是求真务实政治品格的必然表现。列宁也曾经讲过：“一个政党对自己的错误所抱的态度，

---

① 何毅亭：《论中国共产党的自我革命》，载《学习时报》2017 年 7 月 24 日。

是衡量这个党是否郑重、是否真正履行它对本阶级和劳动群众所负义务的一个最重要最可靠的尺度。公开承认错误，揭露犯错误的原因，分析产生错误的环境，仔细讨论改正错误的方法——这才是一个郑重的党的标志。”①

自我革命是我党的过硬特质。中国共产党向着人类解放的崇高理想，致力于实现中国复兴梦，是人类社会有史以来最雄伟壮丽的事业，也是最艰巨复杂的任务，也就意味着改造主客观世界的使命也非常伟大而艰巨。正如党的十九大报告中所指出的，“伟大斗争，伟大工程，伟大事业，伟大梦想，紧密联系、相互贯通、相互作用，其中起决定性作用的是党的建设新的伟大工程。”建设一支始终过硬的政党，始终成为马克思主义执政党，始终成为时代先锋、民族脊梁，没有自我革命的勇气和能力是不可想象的。所以，习近平总书记强调，“全党要更加自觉地坚定党性原则，勇于直面问题，敢于刮骨疗毒，消除一切损害党的先进性和纯洁性的因素，清除一切侵蚀党的健康肌体的病毒，不断增强党的政治领导力、思想引领力、群众组织力、社会号召力，确保我们党永葆旺盛生命力和强大战斗力。”进行最坚决、最彻底的伟大的自我革命，贯穿于“四个伟大”之中。革命战争年代战胜“左”、右两方面的错误，中华人民共和国成立后，反贪污、反浪费、反官僚主义，十八大之后的反对“四风”之害，都是一种自我革命。特别是在国家改革进入深水区之后，自我革命更加复杂。“改革往往都是从易到难。我们的改革要更加注重系统性、整体性、协同性，敢于涉深

① 何毅亭：《论中国共产党的自我革命》，载《学习时报》2017年7月24日。

水区、啃硬骨头。我们要以勇于自我革命的气魄、坚忍不拔的毅力推进改革，敢于向积存多年的顽瘴痼疾开刀，敢于触及深层次利益关系和矛盾，坚决冲破思想观念束缚，坚决破除利益固化藩篱，坚决清除妨碍社会生产力发展的体制机制障碍。”[①]

保持自我革命的战略定力。党员干部要保持对马克思主义的坚定信仰，保持对社会主义的坚定信念，保持对党和政府的坚定信赖，需要不断地改造自己的精神世界，“抛掉自己身上的一切陈旧肮脏的东西”，并把这种自我革命，看作是检验党性、考验政治灵魂的标尺。越是在经济物质生活丰富的条件下，越要保持灵魂上的纯洁，越要坚定自己的信仰追求，补足精神上的“钙”。信仰越是坚定，自我革命的战略定力就越足。中国共产党的信仰，是顺应民心民意的信仰，是为最广大人民群众根本利益奋斗的信仰，因而在人民中拥有深深的根基。人民是历史的主体和动力，是一切伟大的价值来源。自我革命的伟力深藏民众之间，以人民的满意不满意为标准，把人民群众的监督引入自我革命的方方面面，就可以有效规避懒政、怠政，就可以跳出“历史周期律”。人民之根扎得越深，自我革命的战略定力就越强。

三、要经得起实践、人民、历史的检验

实践是检验真理的唯一标准。追求的真理是否是“真”的理，理

① 习近平：《在庆祝中国共产党成立95周年大会上的讲话》（2016年7月1日），载《人民日报》2016年7月2日。

论本身是不足以支撑的，必须要靠实践来检验。经不起实践检验的“真”理，要么是空想，要么是不“真”的“假”理。追求的实效到底“实”不“实”，也要靠“实践”来检验。否则，这个“实效”也是要大打折扣的。马克思主义原理、毛泽东思想、中国特色社会主义理论体系，之所以能成为令人信服的真理，就在于他们是经过实践检验的，被证明是正确的理论。2015 年 11 月，习近平总书记在纪念胡耀邦同志诞辰 100 周年座谈会上的讲话中，重述了胡耀邦同志曾经说过的两段话：“共产主义的思想和共产主义的实践早已存在于我们的现实生活中。那种认为‘共产主义是渺茫的幻想’、‘共产主义没有经过实践检验’的观点，是完全错误的。我们每天的生活都包含着共产主义，都离不了共产主义。”“没有马克思的学说，就没有我们的今天。无论过去、现在和将来，我们都要向马克思请教，认真学习他的著作，从中汲取智慧和力量。”[①]要经得起实践检验，需要对客观世界的内在规律性作出深刻的分析和把握。实践无止境，对世界规律的认识也无止境。这种认识，不仅包括理论知识，也包括经验知识。“纸上得来终觉浅，绝知此事要躬行。”要强调从实践中去增强能力，去扩展知识。

信仰人民。同是中国人，在甲午时期，一盘散沙，毫无力量，任人宰割。而到了土地革命战争时期，在共产党人的领导之下，完成了二万五千里长征，向世界展现了一种被强大信仰支配的力量。这其中的秘密，就在于是否能把人民组织起来。中国共产党的伟大之处，就

① 习近平：《在纪念胡耀邦同志诞辰 100 周年座谈会上的讲话》（2015 年 11 月 20 日），载《人民日报》2015 年 11 月 21 日。

在于不相信有什么救世主，相信人民有无限伟力，于是扎根于人民，将人民组织起来，自己解放自己。换句话说，党并不是一种外在于人民的单独存在，而是内构于人民之中，充当着人民的先锋队、团结的主心骨。党的力量，本质上就是组织起来的人民的力量。离开了“人民”这个力量母体，党就像离开水的鱼，离开土地的树，断了线的风筝一样，失去力量，失去血脉。每一个党员干部，都要有这种意识，不仅要敬畏人民，服务人民，更要组织人民，信仰人民。这是我们谋事创业的出发点和落脚点。

推动历史的进步。我们考察一个命题是否成立，首先看它是否占有了大量全面的事实，否则就会像盲人摸象一样，各有各的事实，各有各的结论，但都不够真实，不够全面客观。其次看它论证是否科学严密，有的看似占有大量的事实，但分析的工具或应用的方法不够科学，最后的结论也是“失之毫厘，谬以千里”。这样的例子，在现实中也是比比皆是。第三是看立场，同是一棵树，经济学家偏向于看见经济价值，艺术家偏向于看见外在形象之美，农民伯伯看见的可能是“柴火”，总之不同的立场，会有一个不同的世界。在我们的舆论世界，时常可以看到这样一群人，不管中国取得什么成绩，总是会有人泼冷水，冷嘲热讽。西方的月亮就是比中国圆。总是喜欢站在人家的角度，用人家的标准，为了人家的利益，来贬损自己。流行于民间的“砖家”，其产生缘由，不仅是因为水平不够，更是因为底线不强，丧失了人民的立场。第四是看历史进步，西方马克思主义者卢卡奇曾经说过一段话：马克思主义辩证法的核心，是一种把握历史进程的能力。辩证法是一种能力，检验一切的最后标准是历史进步。历史进步的潮流，浩浩荡荡，顺之者昌，逆之者亡。昌亡之间，就在于对于历史潮流的判断。政治意识、大局意识、核心意识、看齐意识“四个意识”，就是把握大势的四大法宝。每一个党员干部，要增强“四个意识”，自觉把自己的人生，融入发展进步的大潮中，在大潮中贡献自己的才智，收获自己的价值，实现自己的理想。

第三节　立足本职、埋头苦干

“广大青年要牢记‘空谈误国、实干兴邦’，立足本职、埋头苦干，从自身做起，从点滴做起，用勤劳的双手、一流的业绩成就属于自己的人生精彩。要不怕困难、攻坚克难，勇于到条件艰苦的基层、国家建设的一线、项目攻关的前沿，经受锻炼，增长才干。”[①]青年是如此，党员干部更要如此。只有每个人都立足本职，埋头苦干，整个党组织才能焕发出强大的生命力，全国人民才能团结起来，伟大的中国梦才能如期实现。

一、清廉从自身点滴做起

君子爱财取之有道，不义之财于我如粪土。清廉就是不贪取不义

① 习近平：《在同各界优秀青年代表座谈时的讲话》（2013 年 5 月 4 日），载《人民日报》2013 年 5 月 4 日。

之财。清廉不仅是职业道德，更是一种从政智慧。明代有一句官箴说得好，“吏不畏吾严，而畏吾廉；民不服吾能，而服吾公；公则民不敢慢，廉则吏不敢欺。公生明，廉生威。”党员干部的威信从哪里来，就是要从清廉中来。党员干部的人格力量如何形成，就是要从清廉中形成。党员干部的群众口碑怎么形成的，就是从清廉中形成的。近几年反腐中出现的那些贪官，他们在成长的道路上，开始并不是那么坏，而是从一点一滴的思想和行为放松开始的。从某一次偶然侥幸，逐步发展到目无法纪。正所谓，冷冻三尺并非一日之寒。那些好官清官，之所以能成为好官清官，也在于平时一点一事的注意，丝毫不给自己放松的机会。

家风是自身点滴影响的集大成。家是最小国，国是千万家。党的十八大以来，习近平总书记多次强调家风，说的是“小家”，着眼的是“大家”。古人云，修身齐家治国平天下，说的就是家庭与国家两者在作风上有着异曲同工之妙。在《人民的名义》里，前任检察长陈岩石，是一位信仰坚定如磐石的好干部，对于儿女们要求很严，女儿陈阳、儿子陈海，作风都非常正派。2014 年 3 月，习近平总书记重访兰考时会见了焦裕禄的 5 个子女。当听到二女儿焦守云说：“我们一定继承好父亲的精神，把家教家风一代代地保持传承下去”，习近平总书记及时点赞道：“好家风，好家风。”2016 年 1 月，在十八届中央纪委六次全会上，习近平总书记强调：“每一位领导干部都要把家风建设摆在重要位置，廉洁修身、廉洁齐家，在管好自己的同时，严格要求配偶、子女和身边工作人员。”10 月，十八届六中全会审议通过的《关于新形势下党内政治生活的若干准则》《中国共产党党内监督条例》，都对领导干部的家风问题提出了新的具体要求。家风建设上升至国家制度层面，具有了前所未有的战略高度。“道虽迩，不行不至；事虽小，不为不成。”成就任何事业，光有好的理想目标是远远不够的，必须从小事做起，从身边事做起。毛泽东同志说过，“凡是反动的东西，你不打，他就不倒。这正如地上的灰尘。扫帚不到，灰尘照例不会自己跑掉的”。

2012年6月，一位父亲骑车送女儿上学的照片在网上“疯传”，圈粉无数。这位父亲是安徽省芜湖市副市长詹云超，他几乎每天都骑车送女儿上学，他所骑的自行车竟然用了8年。很多网友对此都表示深受感动，表示在一个“拼爹时代”，没有用公车接送，实属难能可贵。有网友称，“对后座的孩子而言，骑车的是一个好爸爸！对芜湖人民而言，骑车的是一个好市长！”官员的这一日常普通小行为，引起了社会的轰动，说明了百姓对于官员廉洁的热切期待，也说明了官员家庭生活的道德影响。

一念之欲不能制，而祸流于滔天。在经济快速发展时期，在社会变革的深度转型时期，制度的不够完善，机制不够成熟，为不法分子留下了权力寻租的空间。作为一名干部特别是领导干部，手握公权，或多或少的拥有权力。拿着权力，吃拿卡要，鱼肉乡民，终将堕落成人人喊打的“老鼠”。欲望一旦决口，行为失控是迟早的事。明朝皇帝朱元璋就曾给臣子们算过一笔账：老实当官，守着俸禄过日子，就像守着“一口井”，井水虽不满，但可天天汲取。假如心生贪念，守着“井水”却惦记着“河水”“江水”，甚至是“海水”。一旦东窗事发，不仅“河水”“江水”不保，就连原先那口“井水”也保不住。道理简单易懂，但是要守住那份“心”却也绝非易事。需要从“不敢腐”“不能腐”“不想腐”三个层面同时用功才能从根本上奏效。其中，“不想腐”是最高层的治理境界。要达到“不想腐”，不仅要外在的法纪硬约束，更要不断加强内在修养。从身边小事做起，严格要求自己，时时自省、自律、自重、自警，防微杜渐。东汉太守杨震在赴任途中经过昌邑时，昌邑县令王密前来拜访他，并送黄金十斤。杨震说：“故人知君，君不知故人，何也？”王密没听明白杨震的责备之意，说：“天黑，无人知晓。”杨震说：“天知，神知，你知，我知，何谓无知？”王密羞得无地自容，连声感谢杨震的教诲。莫以善小而不为，莫以恶小而为之。蚁穴虽小，足以溃千里之堤。小错不警醒，必成大患。

清廉要从我做起，从点滴做起。坚持以身作则，正人先正己，自觉遵守法律法规，自觉加强党性锻炼，树立正确的人生观、价值观和权力观。各级党组织要旗帜鲜明地反对腐败，做到干部清正、政府清廉、政治清明，永葆共产党人清正廉洁的政治本色，保持党的先进性和纯洁性，使党的执政地位具有广泛、深厚、可靠的群众基础。按照清廉要求，“勇于正视缺点和不足，严明党的纪律特别是政治纪律，敢于触及思想、正视矛盾和问题，从自己做起，从现在改起，端正行为，自觉把党性修养正一正、把党员义务理一理、把党纪国法紧一紧，保持共产党人良好形象。”①

---

① 习近平：《在党的群众路线教育实践活动工作会议上的讲话》（2013年6月18日），载《人民日报》2013年6月19日。

二、干在实处才能走在前列

干在实处才能走在前列。“为政贵在行。”工作靠实，事业靠干。邓小平同志曾说，世界上很多事都是干出来的，不干，半点马克思主义都没有。2006年，习近平出版了一本书，叫《干在实处走在前列》，是习近平担任浙江省委书记期间的重要文稿辑录，重印于2013年10月，全书53万多字，除习近平亲自撰写的“自序”“后记”外，分8部分摘录习近平担任浙江省委书记期间的文稿。这本书主题鲜明，“要走在前列，就要干在实处”，重心是干在实处，通篇紧密联系浙江实际；全书采取摘编形式，全是实实在在的“干货”；语言通俗形象易懂，很接地气，如《从政体会漫谈》，7条，“激浊扬清、敬业乐业、乐在人和、力戒浮躁、贵耳重目、求知善读、戒奢节俭”，总共28个字，说得实在，也很到位，都是老百姓喜欢听的话。

《干在实处走在前列》是形成党的十八大以来“思想闪电”的重要源头。不管是从立场观点上，还是从思维方法上，或是语言风格上，都是一以贯之的。从书中可以明显地感受一个成熟领导人的坚定信仰、历史担当、为民情怀、务实作风。他在浙江工作时就强调“问题导向”“底线思维”“战略眼光”和系统论等科学思维方法。这些思维方法应用于党的十八大之后的治国理政实践，提出了许多具有真知灼见的解决问题的思路和方法。《干在实处走在前列》也是习近平总书记多年从政经验的总结。在正定县，他主持通过了《关于改进领导作风的六项规定》，狠抓作风建设。要求说短话，开短会，不准“穿靴戴帽”，彻底从“文山会海”中解放出来，集中力量抓大事，抓实事。他要求领导干部要做一个有战略眼光的实干家，把长远目标和本职工作结合起来。在福建，他提出进一步改进领导作风，具体化为“四下基层”。在工作中不主张多提口号，提倡行动至上、马上就办。

走在前列，干在实处，其实也是中国共产党一贯传统。1938年10月，毛泽东在中共扩大的六届六中全会上强调，共产党员应该是实事求是的模范，又是具有远见卓识的模范。因为只有实事求是，才能完成确定的任务；只有远见卓识，才能不失前进的方向。在纪念胡耀邦同志诞辰100周年座谈会上，习近平总书记再次强调，我们中国共产党人应该是既有远见卓识又有求实精神的革命者。这种精神，用四个字来表达的话，即叫求真务实。党的十八大之后，习近平总书记多次到中央党校讲话，系统阐述了求真务实，强调不贪一时之功、不图一时之名，多干打基础、利长远的事。要求广大党员干部锐意进取，以“踏石留印、抓铁有痕”的劲头真抓实干，善始善终，善做善成。强调要把“能否做到狠抓落实，是否善于狠抓落实”作为衡量领导干部作风、能力、水平的重要标志，落实要像在墙上敲钉子，焦点集中，持续用力，一敲到底。

在党的十九大报告中，习近平总书记系统总结了党的十八大以来党和国家事业取得的历史性成就，深刻阐述了五年来党和国家事业发生的历史性变革，深刻指出“解决了许多长期想解决而没有解决的难题，办成了许多过去想办而没有办成的大事。”十八大以来的五年，是党和国家发展进程中极不平凡的五年。五年来，经济建设方面贯彻新发展理念，转变发展方式，深入推进供给侧结构性改革，实施创新驱动发展战略，经济保持了中高速增长，国内生产总值稳居世界第二，对世界经济增长贡献率超过百分之三十。我们加强党对意识形态工作的领导，习近平总书记先后主持召开全国宣传思想工作会议、文艺工作座谈会、全国党校工作会议、党的新闻舆论工作座谈会、网络安全和信息化工作座谈会、哲学社会科学工作座谈会和全国高校思想政治工作会议等，巩固了全党全社会思想上的团结统一。在生态文明建设方面，我们对生态文明体制改革进行顶层设计和具体部署，多批中央环保督查组下到地方，“坚持保护生态环境就是保护生产力”“绿水青山就是金山银山”“改善生态环境就是发展生产力”的理念深入人心。在国防和军队建设方面，全面启动军队规模结构和作战力量体系改革，人民军队实现了政治生态重塑、组织形态重塑、力量体系重塑、作风形象重塑，人民军队重整行装再出发，在中国特色强军之路上迈出了坚实步伐。在大国外交方面，我们切实运筹好大国关系，构建健康稳定的大国关系框架，与周边国家坚持和平相处、互利互惠，积极实施“一带一路”，积极推动构建以合作共赢为核心的新型国际关系，打造人类命运共同体，开启中国特色大国外交新征程。在全面从严治党方面，我们坚定不移推进全面从严治党，着力解决人民群众反映最强烈、对党的执政基础威胁最大的突出问题，形成了反腐败斗争压倒性态势，党内政治生活气象更新。在全面深化改革、民主法治建设、改善民生等各个方面都取得了全方位的、开创性的巨大成就。总之，五年来，党和国家事业发生的历史性变革，标志着中国特色社会主义进入了新时代，我国发展站到了一个新的历史方位。认真研究五年来，党中央出台的一系列新理念新思想新战略，推出的一系列重大方针政策，推进的一系列重大工作，其背后是我们党巨大的政治勇气和强烈的责任担当。在其精神内核上，可以清晰地发现干在实处，走在前列的印记。

三、大力弘扬劳模精神

在党的十九大报告中，习近平总书记强调，要“建设知识型、技能型、创新型劳动者大军，弘扬劳模精神和工匠精神，营造劳动光荣的社会风尚和精益求精的敬业风气”。劳模精神是实干精神的典型代表。劳动模范是民族的精英，是人民的楷模。长期以来，广大劳模以高度的主人翁责任感、卓越的劳动创造、忘我的拼搏奉献，为国家和人民建立了杰出功勋。在革命战争年代，“边区工人一面旗帜”赵占魁、“兵工事业开拓者”吴运铎、“新劳动运动旗手”甄荣典等劳模，以“新的劳动态度对待新的劳动”，全力支援前线，带动群众投身中国共产党领导的人民解放事业。中华人民共和国成立后，“高炉卫士”孟泰、“宁肯少活20年，拼命也要拿下大油田”的“铁人”王进喜、“两弹元勋”邓稼先、“知识分子的杰出代表”蒋筑英、“宁肯一人脏、换来万人净”的时传祥等一大批先进模范，响应党的号召，带动广大群众自力更生、奋发图强。在改革开放新时期，“蓝领专家”孔祥瑞、“金牌工人”

窦铁成、“新时期铁人”王启明、“新时代雷锋”徐虎、“知识工人”邓建军、“马班邮路”王顺友、“白衣圣人”吴登云、“中国航空发动机之父”吴大观等一大批先进工作者，带动群众锐意进取、积极投身改革开放和社会主义现代化建设，他们都是全国各族人民学习榜样，“必须大力弘扬劳模精神、发挥劳模作用。榜样的力量是无穷的。劳动模范是民族的精英、人民的楷模。长期以来，广大劳模以平凡的劳动创造了不平凡的业绩，铸就了‘爱岗敬业、争创一流，艰苦奋斗、勇于创新，淡泊名利、甘于奉献’的劳模精神，丰富了民族精神和时代精神的内涵，是我们极为宝贵的精神财富。”①

劳动创造了人。人与动物的差别在于创造，创造的源头活水是劳动。在劳动中积累经验，在劳动中思考创新，在劳动中创造世界。劳动在创造社会的同时，也创造了人类本身。劳动是光荣的，也是伟大的，劳动没有高低贵贱之分，任何一份职业都是光荣的。整个社会犹如一部大机器，由品种繁多的行业和岗位构成。广大党员干部要立足本职岗位诚实劳动，三百六十行，行行出状元。无论从事什么岗位，都要干一行、爱一行、钻一行。在技术岗位，就要弘扬“工匠精神”，精心打磨每一个零部件，生产优质的产品。在社科战线，就要坐得冷板凳，耐得住寂寞，经得起考验，生产出更多具有社会效益的文化产品。在行政岗位，就要恪尽职守，就要严以修身、严以用权、严以律己，同时谋事要实、创业要实、做人要实，为官一任，造福一方。只要踏

① 习近平：《在同全国劳动模范代表座谈时的讲话》（2013年4月28日），载《人民日报》2013年4月29日。

实劳动、勤勉劳动，在平凡岗位上也能干出不平凡的业绩。全体党员干部都要贯彻尊重劳动、尊重知识、尊重人才、尊重创造的重大方针，带头维护和发展劳动者的利益，增强保障劳动者权利意识和能力。树立正确的劳动观，对于阻碍劳动者参与发展、分享发展成果的障碍和困难要勇于斗争，努力让劳动者实现体面劳动、全面发展，切实维护社会公平正义。全体党员干部都要热爱劳动，以辛勤劳动为荣，以好逸恶劳为耻，旗帜鲜明地反对一切不劳而获、投机取巧、贪图享乐的思想和行为。

中国梦，是中国人的梦，每一个人的梦。人世间的美好梦想，只有通过诚实劳动才能实现。梦想属于每一个人，广大党员干部只要敢想敢干、敢于追梦，就一定可以实现自己的梦想，打造一片属于自己的天地，找到一份属于自己的价值和幸福。生命里的一切辉煌，只有通过诚实劳动才能铸就。劳动创造了中华民族，造就了中华民族的辉煌历史，也必将创造出中华民族的光明未来。要实现中华民族伟大复兴的中国梦，要靠各行各业人们的辛勤劳动。发展中的各种难题，只有通过诚实劳动才能破解。中国梦的实现，是由每一个中国人的梦想实现来组成的。特别是现在，党和国家事业正处于全面深度转型时期，发展前景空间很大，对人才的需求也非常大，迫切地需要各行各业的有识之士行动起来。特别是党员干部，要有先锋队意识，不忘初心，保持志气和闯劲，在本职岗位上展示自己的人生价值。许多劳动模范平凡而感人的事迹，都充分说明了，只要诚实劳动、埋头苦干，就一定可以实现自己的人生梦想、改变自己的命运。“一勤天下无难事。”必须牢固树立劳动最光荣、劳动最崇高、劳动最伟大、劳动最美丽的观念，作为全国人民的先锋队，要引领全国人民进一步焕发劳动热情、释放创造潜能，通过劳动创造更加美好的生活。

后 记

党的十九大的召开，吹响了实现民族复兴伟大梦想的总号角。要实现伟大梦想，必须推进伟大事业，必须进行伟大斗争，最具决定性的是必须建设伟大工程。要把我们党建设成为时代先锋、民族脊梁，建设成为马克思主义执政党，必须全面从严治党。全面从严治党，必须牢牢抓住作风建设。抓作风，就抓住了建设伟大工程的“牛鼻子”。作风建设的核心是保持党同人民群众之间的血肉关系，抓手是思想建党和制度治党，要领是全面从严治党，大兴求真务实之风，目标是保持党的先进性和纯洁性。过去五年来，我们党强力反腐，大力正风肃纪，消除了党肌体内部存在的严重隐患，党内政治生活气象更新，党内政治生态明显好转，党组织焕发出了新的强大生机活力。如今中国特色社会主义进入了新时代，我们党必须要有新气象新作为。面对未来，我们不仅要清醒认识到党内思想、组织、作风不纯的问题还没有得到根本解决，而且要深刻认识到“四大考验”“四种危险”在新时代将长期存在。所以，我们要不忘初心，牢记使命，要始终保持自我革命的政治勇气，着力解决党自身存在的突出问题，不断增强自我净化、自我完善、自我革新、自我提高能力，确保党始终走在时代前列，始终成为全国人民团结的主心骨，始终成为中国特色社会主义伟大事业的坚强领导核心。为深入理解把握党的十九大关于全面从严治党的新判断新思想新举措，本书紧紧围绕习近平总书记关于务实作风的重要论述，集中阐述了锤炼务实作风的重大意义、内涵实质和实践要求，供党员干部学习使用。

囿于时间仓促和作者理论水平有限，本书难免存在疏漏之处，敬请读者批评指正。